혁신
모델의
탄생
워크북

혁신
모델의
탄생
워크북

이유종·김우식 지음

틔움

추천의 글

김진수 _중앙대학교 경영학부 교수, 전국창업교육센터협의회 회장

세상은 바야흐로 창조와 융합의 시기를 맞고 있습니다. 회사, 기관, 학교 등 거의 모든 조직이 기능적으로 세분화되어 나름대로의 영역과 전문성을 구축해왔지만, 이제는 제품과 서비스를 이용하는 사람 중심으로 새로 개편되어야만 하는 패러다임의 변화를 맞이하고 있습니다. 그러면 과연 창조와 융합은 누구를 기준으로 어떻게 이루어져야 할까요? 그에 대한 깊은 고민과 방법이 절실하게 필요한 이때에 《혁신 모델의 탄생 워크북》에 담긴 프로세스와 방법은 고객 중심의 창조와 융합을 수행할 수 있는 가이드라인을 제공하고 있습니다.

창조와 융합은 한순간에 이루어지기보다는 깊은 고민을 하는 과정에서 마치 하나의 부산물처럼 우리에게 주어지는 것이라고 볼 수 있습니다. 결과물을 도출하려면 먼저 목적을 명확히 하고, 목적 달성을 위해 시장과 사용자에 관한 조사와 관찰이 이루어져야 합니다. 또한 조사와 관찰을 통해 수집된 데이터를 객관적으로 분석하고 종합하여 의미 있는 아이디어와 콘셉트를 만드는 창의적 디자인 과정이 필요합니다.

이 책은 이러한 창의적 디자인 프로세스를 7가지의 단계에 맞게 설명하고, 독자들이 쉽게 따라 할 수 있도록 방법론을 구체적으로 제시하고 있습니다. 특히 기획자, 전략 수립자, 디자이너, 창업자, 공공/비영리 재단 책임자 등 여러 유형의 리더에 맞는 문제 해결 방법론을 구체적으로 설명하면서 맞춤형 가이드라인을 제공하고 있습니다.

지금까지 우리는 머릿속에 일정한 틀을 만드는 것에 집중해왔습니다. 하지만 앞으로는 이러한 틀을 만드는 것이 아니라 기존의 틀을 깨는 것에 집중해야 합니다. 왜냐하면 기존의 틀을 깨지 않고는 더 좋고 유연한 틀은 만들 수 없기 때문입니다. 하지만 일단 틀을 깨고 문제에 새롭게 집중하면 그 문제의 본질이 보입니다. 그러면 이 책에서 제시하고 있는 방법론을 적용하여 그 문제를 보다 창의적이고 새로운 방법으로 해결할 수 있습니다. 많은 사람들이 이러한 방법론과 절차를 익히지 못해, 문제 해결을 제대로 하지 못하는 경우가 많습니다.

사람들은 이제 제품과 서비스의 기능만을 구매하지 않습니다. 사람들은 제품과 서비스를 통해 얻는 최종 가치value와 경험experience을 원합니다. 그러려면 우리는 공급자 중심이 아닌 소비자 중심적인 렌즈를 끼고 새롭게 접근할 필요가 있습니다. 이 작업을 위해 가장 먼저 필요한 일이 최종 소비자를 진심으로 이해하고 그 마음속에 들어 있는 아픔과 불편함을 이해하는 것입니다. 그 일을 위해 우리가 먼저 해결책solution을 제시할 것이 아니라, 깊은 이해understanding와 진심 어린 경청listening이 선행되어야 합니다. 그 깊은 과정을 거치다 보면 어느새 우리는 다양한 문제를 해결할 수 있는 아이디어idea와 솔루션solution을 좀 더 손쉽게 얻을 수 있습니다.

이 책은 창의적 문제 해결, 차별화된 창업 아이템 발굴, 혁신적인 조직 리딩을 위한 좋은 방법과 솔루션을 제시하고 있습니다. 이 책을 기준으로 방법을 모색해나가되, 내용 이해가 더 필요할 경우에는 본서 《혁신 모델의 탄생》을 참고하기를 바랍니다. 이미 미국, 유럽 등 해외 선진국에서는 이러한 방법이 가장 필수적이고 핵심적인 것으로 받아들여지고 있습니다. 우리도 이 책의 발간을 기회로 '디자인 사고'와 '디자인 경영' 프로세스를 우리 것으로 잘 체득함으로써 그들보다 훨씬 더 앞서 나가고, 사회에 좋은 가치를 만들어나가기를 진심으로 바라는 바입니다.

《혁신 모델의 탄생 워크북》의 발간을 진심으로 환영하고 축하합니다.

INTRODUCTION

우리는 지금 산업화 시대를 거쳐 경험과 감성, 그리고 관계의 시대를 지나고 있다. 엠피쓰리mp3 플레이어를 가장 잘 만들던 아이리버가 아이팟이라는 고객 친화적 플랫폼에 밀린 것은 시대의 변화를 알리는 신호탄이기도 했다. 사람들은 이제 제품만을 원하는 것이 아니라 음악을 즐기는 방법 전체를 원하는 것이다. 이제 시대는 제품과 서비스의 융합을 원한다. 제품과 서비스 자체의 기능과 품질이 우수하더라도, 사용자 입장에서 이들이 융합되지 못하면 선택받기 어려운 시기가 온 셈이다. 사용자는 제품과 제품, 제품과 서비스, 혹은 서비스와 서비스의 융합을 원한다. 이러한 사례는 많은 곳에서 찾아볼 수 있다.

이 책에서 제시하는 디자인 사고와 프로세스에 관해, 우리는 기존 사고의 틀을 조금 바꿔야 한다. 왜 우리에게 새로운 디자인 사고와 프로세스가 필요한가? 기존의 관점과 프레임, 도구는 왜 잘못된 것일까?

많은 이들이 창의를 '순간moment'의 개념으로 받아들인다. 아인슈타인, 뉴턴, 라이트 형제가 천재성 혹은 순간적 영감으로 위대한 발명과 발견을 이뤄냈다고 생각한다. 과연 그럴까? 한순간의 반짝이는 아이디어로 그렇게 위대한 업적을 이룰 수 있었을까? 그렇지 않다. 감당하기조차 어려운 수많은 실패와 반복을 통해 이들은 새로운 것을 만들어낼 수 있었다. 창의는 순간이 아니라 '과정process'의 개념에 가깝다. 이 책은 바로 프로세스와 방법에 관한 구체적인 기술이다. 이 책에서 전하는 새로운 프로세스와 방법을 활용하여, 각 분야에서 활동하는 모든 사람이 자신의 영역에서 괄목할 만한 성과를 내고, 그 덕분에 사회가 좋은 방향으로 발전할 수 있길 진심으로 기대한다.

《혁신 모델의 탄생 워크북》의 내용과 구성

무엇인가 새로운 것을 만들 때, 어떤 것(What)보다는 어떻게(How)의 문제에 직면하는 경우가 많다. IIT 디자인대학 비제이 쿠마 교수의 저서 《혁신 모델의 탄생》과 이 책 《혁신 모델의 탄생 워크북》은 바로 '어떻게'의 문제를 해결하는 데 실질적인 도움을 주기 위한 것이다. 《혁신 모델의 탄생》은 혁신의 방법과 프로세스에 관한 전반적 이해 공유를 촉진하는 반면, 이 책은 실제 현장에서 각종 혁신 프로젝트를 직접 기획하고 추진하며 수행하는 모든 독자에게 실질적인 가이드라인과 각종 양식을 제공하기 위해 발행되었다.

이 책은 크게 다섯 가지 영역에서 혁신을 추진하는 독자들에게 실질적인 도움을 제공한다.

1. 기획자, 전략 수립자

2. 서비스 디자이너

3. 창업자, 스타트업Startup

4. 공공 디자인, 비영리 재단 책임자

5. 팀장, 프로젝트 매니저PM, 동아리 회장 등

특히 본서인 《혁신 모델의 탄생》에서 소개된 혁신 모델 101가지 중, 이들 다섯 분야에 종사하고 있는 사람들이 실용적으로 활용할 수 있는 70개의 방법론을 선정했으며, 각각의 방법론에는 간략한 개요와 응용 방법, 바로 적용할 수 있는 워크시트, 그리고 효과적 수행을 위한 간략한 팁 등이 포함되어 있다.

자신의 업무와 역할에 적합한 영역을 선택하여 진행하되, 다른 영역에서 제시하는 방법과 프로세스도 충분히 참고할 만하다. 혁신의 힌트는 인접하거나 동떨어진 영역에서 흔히 발견되기 때문이다. 이 책에서 제시된 설명이 약간 부족할 경우 본서인 《혁신 모델의 탄생》을 참조하면 도움을 받을 수 있다. 다양한 혁신 프로젝트 수행에 있어, 이 책에서 소개하는 프로세스와 방법을 잘 활용하면 효과적으로 그리고 효율적으로 목적지에 이를 것이다.

CONTENTS

CHAPTER 1

혁신 모델 내비게이션

아이디어를 혁신하는 101가지 방법론은 어느 것 하나 빠지지 않고 모두가 유용하고 실질적이다. 하지만 본서 서문에서 강조하듯 많은 문제에 똑같은 방법론이 적용되는 것은 아니다. 상황과 사람에 따라 다른 도구가 사용될 수 있다. 더구나 시간 제약이 클 경우 이 내비게이션에 따라 선택적으로 방법론을 활용하면 큰 도움이 된다.

내비게이션은 다섯 가지 영역으로 구분되었다.

❶ 기획자, 전략 수립자

❷ 서비스 디자이너

❸ 창업자, 스타트업

❹ 공공 디자인, 비영리 재단 책임자

❺ 팀장, PM, 동아리 회장 등

이처럼 각 영역의 초심자가 반드시 놓치지 말고 시행해야 할 방법론들을 영역별로 정리했다.

❶ 기획자, 전략 수립자

Mode 1 | 목적을 탐지하라

목적 탐지하기 방법

1.1 버즈 리포트
1.2 대중 매체 살펴보기
1.3 주요 사실
1.4 혁신 자료집
1.5 트렌드 전문가 인터뷰
1.6 키워드 통계분석학
1.7 혁신의 10가지 유형 프레임워크
1.8 혁신 조망도
1.9 트렌드 매트릭스
1.10 융합 지도
1.11 출발과 끝 탐험
1.12 초기 기회 지도
1.13 결과물—활동—문화 지도
1.14 목적 기술서

Mode 2 | 맥락을 파악하라

맥락 파악하기 방법

2.1 맥락 조사 계획
2.2 대중 매체 검색
2.3 출판물 조사
2.4 시대별 지도
2.5 혁신 진화 지도
2.6 재무 프로필
2.7 유사 모델
2.8 경쟁자—보완자 지도
2.9 혁신의 10가지 유형 진단
2.10 업계 진단
2.11 SWOT 분석
2.12 주제 관련 전문가 인터뷰
2.13 이익집단 토론

Mode 3 | 사람을 이해하라

사람 이해하기 방법

3.1 조사 참가자 지도
3.2 조사 계획 설문
3.3 사용자 조사 계획
3.4 5가지 인간 요소
3.5 POEMS
3.6 현장 방문
3.7 비디오 문화인류학
3.8 문화인류학적 인터뷰
3.9 사용자 사진 인터뷰
3.10 문화적 탐구물
3.11 이미지 분류
3.12 경험 시뮬레이션
3.13 현장 활동
3.14 원격 조사
3.15 사용자 관찰 데이터베이스

Mode 4 | 통찰을 구조화하라

통찰 구조화하기 방법

4.1 관찰 결과를 통찰로 만들기
4.2 통찰 분류
4.3 사용자 관찰 데이터베이스 쿼리
4.4 사용자 반응 분석
4.5 ERAF 시스템 다이어그램
4.6 서술적 가치 웹
4.7 주체 포지션 지도
4.8 벤 다이어그램 그리기
4.9 수형도/세미—격자 다이어그램 그리기
4.10 대칭적 클러스터링 매트릭스
4.11 비대칭적 클러스터링 매트릭스
4.12 활동 네트워크
4.13 통찰 클러스터링 매트릭스
4.14 의미 프로필
4.15 사용자 그룹 정의
4.16 매력적 경험 지도
4.17 사용자 여정 지도
4.18 요약 프레임워크
4.19 디자인 원칙 생성하기
4.20 분석 워크숍

Mode 5 | 콘셉트를 탐험하라

콘셉트 탐험하기 방법

5.1 원칙을 기회로 만들기
5.2 기회 마인드 맵
5.3 가치 가설
5.4 페르소나 정의
5.5 아이디에이션 세션
5.6 콘셉트 생성 매트릭스
5.7 콘셉트 은유와 유추
5.8 역할극 아이디에이션
5.9 아이디에이션 게임
5.10 인형극 시나리오
5.11 행위 프로토타입
5.12 콘셉트 프로토타입
5.13 콘셉트 스케치
5.14 콘셉트 시나리오
5.15 콘셉트 분류
5.16 콘셉트 그룹화 매트릭스
5.17 콘셉트 카탈로그

Mode 6 | 솔루션을 구성하라

솔루션 구성하기 방법

6.1 사용자 중심의 형태적 통합
6.2 콘셉트 평가
6.3 규범적 가치 웹
6.4 콘셉트 연결 지도
6.5 예측 시나리오
6.6 솔루션 다이어그램 그리기
6.7 솔루션 스토리보드
6.8 솔루션 연기
6.9 솔루션 프로토타입
6.10 솔루션 평가
6.11 솔루션 로드맵
6.12 솔루션 데이터베이스
6.13 통합 워크숍

Mode 7 | 결과물을 실현하라

결과물 실현하기 방법

7.1 전략 로드맵
7.2 플랫폼 계획
7.3 전략 계획 워크숍
7.4 파일럿 개발과 테스트
7.5 실행 계획
7.6 역량 계획
7.7 팀 구성 계획
7.8 비전 기술서
7.9 혁신 요약서

많은 경우 기획과 전략 수립 과정에서 범하는 일반적인 오류는 최종 사용자를 충분히 고려하지 않는 것이다. 기획과 전략의 첫 단추는 사용자에게 제공되는 가치value를 찾고, 그것을 실현할 수 있는 방법을 만드는 것이다. 지금은 제품과 서비스 자체를 만들어 제공하는 것에서 벗어나, 제품과 서비스를 둘러싼 가치를 찾아 제공하는 것이 중요하다. 즉 기획자와 전략 수립자는 '사용자를 위한' 제품과 서비스를 만드는 것이 아니라, '사용자로부터' 제품과 서비스를 만들어야 하는 것이다. 이러한 일련의 과정을 기획과 전략 수립이라고 부르는데, 이 작업에 있어서 프로세스는 가장 중요하다. 기획자와 전략 수립자는 제대로 디자인된 프로세스를 이용하여, 흔히 빠지기 쉬운 오류와 함정에서 벗어나야 한다.

기획자와 전략 수립자가 가장 중요하게 생각해야 하는 요소는 기업과 시장의 전반적 상황을 입체적으로 이해하고, 현장에서 소비자를 직접 만나는 것이다. 이 책에서 제시하고 있는 7가지 모드는 크게 조사와 관찰, 분석과 종합, 콘셉트와 솔루션의 실현으로 구분된다. 기획자와 전략 수립자는 조사와 관찰 단계에서 시장의 여러 상황을 관찰하고, 사용자를 만나 그들의 이야기를 듣는 방법에 초점을 맞춰야 한다. 또한 내부 커뮤니케이션과 승인 절차를 원활히 수행할 수 있도록 상황을 종합적으로 파악해야 한다. 여기서 제시된 방법들을 사용하면 기획자나 전략 수립자가 책상 위에서 얻는 이론적 결과나 일반적 아이디어 습득의 피해에서 쉽게 벗어날 수 있다. 또한 아이디어를 객관적으로 평가하고 종합적으로 계획을 세우는 데에도 큰 도움이 된다.

■ 마인드세트

1. 기획과 전략 수립 과정 초반에 아이디어를 너무 재촉하지 마라.

대부분의 임원과 상급자는 아이디어를 너무 빨리 요구하는 경향이 있다. 즉 아이디어를 먼저 도출한 다음 그 아이디어에 살을 붙이고 논리를 세워 기획서와 전략서를 작성한다. 하지만 이런 방법은 위험할 수 있다. 아이디어는 태아가 엄마 배 속에 착상된 상태와 유사하며, 일단 착상되고 나면 태아에게 지속적으로 양분을 공급하게 된다. 이처럼 아이디어가 머릿속에 자리 잡으면 그것을 버리지 못하고 유지하려는 습성이 있다. 아이디어가 떠올랐을 때 그 아이디어를 너무 과하게 칭찬하지 말아야 하는 이유가 바로 이것이다.

시간이 더 걸리더라도 소비자가 원하는 가치에 집중해야 한다. 전략 수립자도 마찬가지로 조직이 원하는 진정한 가치를 충분히 조사해야 한다. 이런 가치 추구의 방향이 없는 상태에서 전략을 수립하면, 그 전략은 위험하거나 무용지물이 되기 쉽다.

2. 충분한 시간을 갖고 가치 지향적 기획과 전략을 수립하라.

기획과 전략 수립 과정에서 문서화 작업에 너무 많은 시간을 할애하는 경우가 있다. 즉 프로젝트 내용 자체보다는 형식에 초점을 맞추는 것이다. 그러다 보니 당연히 내용보다는 형식과 이야기story에 치우치는 경우가 많다. 논리적이고 분석적인 이야기에 매료되어, 그것을 기획과 전략으로 연결하려는 경향이 생긴다. 훌륭한 혁신가는 이런 오류에서 벗어날 수 있어야 한다. 대부분의 문서 작업은 며칠 정도면 충분하다. 실체가 밝혀지면 이를 표현하기란 그리 어렵지 않다. 시간이 많이 들더라도 우리가 만들어야 하는 기획과 전략의 실체를 파악하고, 이것을 이용하는 최종 사용자가 갖게 될 최종 가치를 밝혀내는 일이 무엇보다 중요하다. 그러기 위해서는 최종 사용자들을 직접 만나고, 현장을 관찰하고, 관련된 여러 가지 서비스를 실현해보는 것이 중요하다. 기획과 전략은 책상 위가 아니라 고객이 있는 현장에서 찾아야 한다.

3. 프로세스를 활용하라.

이 책에는 기획과 전략 수립을 위한 7가지 모드가 제시되어 있다. 프로젝트의 첫 단추와도 같은 혁신의 목적을 탐지하는 것에서 시작하여, 사용자를 관찰하고, 가치를 발견한 후, 이를 바탕으로 아이디어와 비즈니스 콘셉트를 도출하고, 솔루션을 실현해나가는 단계로 구성되었다. 이 프로세스는 확산적 사고와 수렴적 사고를 동시에 하는 더블 다이아몬드 모델double diamond model로, 필요한 경우 끝없이 사고를 확장하여 데이터를 모으고 선별하고 정리해나가게 된다. 이러한 작업을 위해서는 먼저 기존의 고정관념과 틀을 깨야 한다. 중요한 것은 프로세스를 잘 활용하여 대중이 모르는 영역에 존재하는 요소들을 발견하고, 그것을 서로 연결하여 사용하는 것이다. 처음부터 의사결정 통로를 너무 좁게 만들면 놓치는 요소들이 너무 많이 생길 수 있다.

❷ 서비스 디자이너

Mode 1 | 목적을 탐지하라

목적 탐지하기 방법

1.1 버즈 리포트
1.2 대중 매체 살펴보기
1.3 주요 사실
1.4 혁신 자료집
1.5 트렌드 전문가 인터뷰
1.6 키워드 통계분석학
1.7 혁신의 10가지 유형 프레임워크
1.8 혁신 조망도
1.9 트렌드 매트릭스
1.10 융합 지도
1.11 출발과 끝 탐험
1.12 초기 기회 지도
1.13 결과물－활동－문화 지도
1.14 목적 기술서

Mode 2 | 맥락을 파악하라

맥락 파악하기 방법

2.1 맥락 조사 계획
2.2 대중 매체 검색
2.3 출판물 조사
2.4 시대별 지도
2.5 혁신 진화 지도
2.6 재무 프로필
2.7 유사 모델
2.8 경쟁자－보완자 지도
2.9 혁신의 10가지 유형 진단
2.10 업계 진단
2.11 SWOT 분석
2.12 주제 관련 전문가 인터뷰
2.13 이익집단 토론

Mode 3 | 사람을 이해하라

사람 이해하기 방법

3.1 조사 참가자 지도
3.2 조사 계획 설문
3.3 사용자 조사 계획
3.4 5가지 인간 요소
3.5 POEMS
3.6 현장 방문
3.7 비디오 문화인류학
3.8 문화인류학적 인터뷰
3.9 사용자 사진 인터뷰
3.10 문화적 탐구물
3.11 이미지 분류
3.12 경험 시뮬레이션
3.13 현장 활동
3.14 원격 조사
3.15 사용자 관찰 데이터베이스

Mode 4 | 통찰을 구조화하라

통찰 구조화하기 방법

4.1 관찰 결과를 통찰로 만들기
4.2 통찰 분류
4.3 사용자 관찰 데이터베이스 쿼리
4.4 사용자 반응 분석
4.5 ERAF 시스템 다이어그램
4.6 서술적 가치 웹
4.7 주체 포지션 지도
4.8 벤 다이어그램 그리기
4.9 수형도/세미－격자 다이어그램 그리기
4.10 대칭적 클러스터링 매트릭스
4.11 비대칭적 클러스터링 매트릭스
4.12 활동 네트워크
4.13 통찰 클러스터링 매트릭스
4.14 의미 프로필
4.15 사용자 그룹 정의
4.16 매력적 경험 지도
4.17 사용자 여정 지도
4.18 요약 프레임워크
4.19 디자인 원칙 생성하기
4.20 분석 워크숍

Mode 5 | 콘셉트를 탐험하라

콘셉트 탐험하기 방법

5.1 원칙을 기회로 만들기
5.2 기회 마인드 맵
5.3 가치 가설
5.4 페르소나 정의
5.5 아이디에이션 세션
5.6 콘셉트 생성 매트릭스
5.7 콘셉트 은유와 유추
5.8 역할극 아이디에이션
5.9 아이디에이션 게임
5.10 인형극 시나리오
5.11 행위 프로토타입
5.12 콘셉트 프로토타입
5.13 콘셉트 스케치
5.14 콘셉트 시나리오
5.15 콘셉트 분류
5.16 콘셉트 그룹화 매트릭스
5.17 콘셉트 카탈로그

Mode 6 | 솔루션을 구성하라

솔루션 구성하기 방법

6.1 사용자 중심의 형태적 통합
6.2 콘셉트 평가
6.3 규범적 가치 웹
6.4 콘셉트 연결 지도
6.5 예측 시나리오
6.6 솔루션 다이어그램 그리기
6.7 솔루션 스토리보드
6.8 솔루션 연기
6.9 솔루션 프로토타입
6.10 솔루션 평가
6.11 솔루션 로드맵
6.12 솔루션 데이터베이스
6.13 통합 워크숍

Mode 7 | 결과물을 실현하라

결과물 실현하기 방법

7.1 전략 로드맵
7.2 플랫폼 계획
7.3 전략 계획 워크숍
7.4 파일럿 개발과 테스트
7.5 실행 계획
7.6 역량 계획
7.7 팀 구성 계획
7.8 비전 기술서
7.9 혁신 요약서

우리는 제품 위주의 사회에서 살아왔다. 제품보다 서비스의 중요성이 대두된 것은 불과 얼마 되지 않았다. 그래서 최근 디자인 경영, 서비스 디자인, 서비스 경영 분야 등이 부각되고 있다. 서비스 디자인에 있어서는 사용자의 경험이 중요하다. 애플에서 쫓겨난 후, 스티브 잡스는 스탠퍼드 대학 캠퍼스 벤치에 앉아 이어폰을 꽂고 다니는 학생들을 보다가 이들의 경험을 향상시켜줄 수 있는 아이팟을 구상했던 것으로 알려졌다. 아이팟이 다른 mp3 플레이어를 누르고 사용자로부터 사랑받을 수 있었던 것은 mp3 플레이어 자체가 멋지기도 하지만 음악을 편하게 다운로드할 수 있는 아이튠즈iTunes 덕분이다. 제품이나 서비스 자체보다도 사람들이 원하는 제품과 서비스의 융합을 통해 사용자 경험을 향상시킨 것이다. 그래서 디자인이나 서비스 디자인을 추구하는 사람들은 한쪽 분야뿐 아니라 융합과 연결에 대한 고민을 잊어서는 안 된다.

또한 서비스 디자이너는 사용자가 해당 서비스를 이용하기 전과 중간, 그리고 이후에 일어나는 맥락을 파악할 수 있어야 한다. 따라서 7가지 모드 중 주로 조사와 관찰에 해당하는 모드 2와 모드 3에 초점을 맞추어, 사용자의 입장이 되어보는 게 무엇보다 중요하다. 이 방법들을 활용하면 서비스 중간의 상황뿐 아니라 서비스 전후 상황을 좀 더 객관적으로 살펴볼 수 있고, 경쟁 조직이 생각하지 못한 포괄적이고 사용자 지향적인 결과물을 얻을 수 있다.

■ 마인드세트

1. 사람들에게 경험을 만들어줄 수 있도록 노력하라.
서비스를 기획할 때는 사용자의 관점에서 해당 서비스를 이용하기 전과 중간, 그리고 이후의 경험을 파악하는 것이 중요하다. 즉 서비스 기능보다는 사용자의 전체적 경험에 디자인을 집중해야 한다. 이를 위해서는 사용자의 입장에서 서비스를 직접 경험해야 한다. 이를 통해 사용자가 느끼는 불편한 점pain points을 찾아내고, 이를 개선해나가며, 서비스에 대한 전체적인 경험 가치를 향상시킬 수 있다. 흔히 사용하는 방법은 사용자 여정지도user journey map를 만들어보는 것이다. 즉 서비스를 사용하기 전(before service), 사용하는 중(in service), 사용한 후(after service)로 나누어서 사용자의 여정을 살펴보고, 그 전후를 충족시킬 수 있는 서비스 아이템을 기획하고 만드는 것이다.

2. 가급적 초기에 시각화하여 다른 사람들의 의견을 청취하라.

서비스 디자인을 할 때 대부분의 경우 모든 것을 완성한 후 시제품화하는 경향이 있다. 하지만 프로토타입을 일찍 만들면 여러 이해관계자가 토의를 통해 더 좋은 아이디어로 발전시킬 수 있고, 새로운 아이디어가 생기기도 한다. 프로토타입은 간단한 스케치 형태도 가능하며, 주변에 있는 재료를 활용하거나 목업mock-up으로도 만들 수 있다. 프로토타입이 완성되면 사용자를 포함한 다양한 사람을 초대하여 의견을 들어라. 이것을 다학제적 워크숍interdisciplinary workshop이라고 하는데, 이 워크숍은 평가와 비판이 아니라 경청과 발전의 시간이다.

3. 공급자보다는 사용자가 원하는 서비스를 디자인하라.

예전에 어떤 큰 호텔 체인이 서비스 향상을 위해, 호텔 로비를 대대적으로 바꾸는 작업을 했다. 호텔 입장에서는 로비가 손님들을 맞는 가장 중요한 접점이라고 생각했겠지만, 호텔을 이용하는 사람들의 입장에서는 이 로비야말로 그들의 여정에서 가장 큰 장애 요인이라고 생각할 수 있다. 오랜 여정의 마지막에 있기도 하고, 여러 가지 절차를 밟아야 하기 때문이다. 서비스를 기획할 때 이러한 사용자 입장의 렌즈를 끼지 못하면 어떤 서비스도 성공하기 힘들다. 따라서 직접 사용자가 되어보는 것이 바람직하다. 서비스 대상이 어린이라면 어린이의 눈높이에서, 나이 드신 할머니 할아버지라면 노인의 입장에서 바라보는 것이 매우 중요하다. Chapter 2 혁신 모델 워크시트에서 설명된 '조사와 관찰' 방법을 활용하면 손쉽게 더 좋은 데이터를 모을 수도 있다.

❸ 창업자, 스타트업

Mode 1 | 목적을 탐지하라

목적 탐지하기 방법

1.1 버즈 리포트
1.2 대중 매체 살펴보기
1.3 주요 사실
1.4 혁신 자료집
1.5 트렌드 전문가 인터뷰
1.6 키워드 통계분석학
1.7 혁신의 10가지 유형 프레임워크
1.8 혁신 조망도
1.9 트렌드 매트릭스
1.10 융합 지도
1.11 출발과 끝 탐험
1.12 초기 기회 지도
1.13 결과물—활동—문화 지도
1.14 목적 기술서

Mode 2 | 맥락을 파악하라

맥락 파악하기 방법

2.1 맥락 조사 계획
2.2 대중 매체 검색
2.3 출판물 조사
2.4 시대별 지도
2.5 혁신 진화 지도
2.6 재무 프로필
2.7 유사 모델
2.8 경쟁자—보완자 지도
2.9 혁신의 10가지 유형 진단
2.10 업계 진단
2.11 SWOT 분석
2.12 주제 관련 전문가 인터뷰
2.13 이익집단 토론

Mode 3 | 사람을 이해하라

사람 이해하기 방법

3.1 조사 참가자 지도
3.2 조사 계획 설문
3.3 사용자 조사 계획
3.4 5가지 인간 요소
3.5 POEMS
3.6 현장 방문
3.7 비디오 문화인류학
3.8 문화인류학적 인터뷰
3.9 사용자 사진 인터뷰
3.10 문화적 탐구물
3.11 이미지 분류
3.12 경험 시뮬레이션
3.13 현장 활동
3.14 원격 조사
3.15 사용자 관찰 데이터베이스

Mode 4 | 통찰을 구조화하라

통찰 구조화하기 방법

4.1 관찰 결과를 통찰로 만들기
4.2 통찰 분류
4.3 사용자 관찰 데이터베이스 쿼리
4.4 사용자 반응 분석
4.5 ERAF 시스템 다이어그램
4.6 서술적 가치 웹
4.7 주체 포지션 지도
4.8 벤 다이어그램 그리기
4.9 수형도/세미—격자 다이어그램 그리기
4.10 대칭적 클러스터링 매트릭스
4.11 비대칭적 클러스터링 매트릭스
4.12 활동 네트워크
4.13 통찰 클러스터링 매트릭스
4.14 의미 프로필
4.15 사용자 그룹 정의
4.16 매력적 경험 지도
4.17 사용자 여정 지도
4.18 요약 프레임워크
4.19 디자인 원칙 생성하기
4.20 분석 워크숍

Mode 5 | 콘셉트를 탐험하라

콘셉트 탐험하기 방법

5.1 원칙을 기회로 만들기
5.2 기회 마인드 맵
5.3 가치 가설
5.4 페르소나 정의
5.5 아이디에이션 세션
5.6 콘셉트 생성 매트릭스
5.7 콘셉트 은유와 유추
5.8 역할극 아이디에이션
5.9 아이디에이션 게임
5.10 인형극 시나리오
5.11 행위 프로토타입
5.12 콘셉트 프로토타입
5.13 콘셉트 스케치
5.14 콘셉트 시나리오
5.15 콘셉트 분류
5.16 콘셉트 그룹화 매트릭스
5.17 콘셉트 카탈로그

Mode 6 | 솔루션을 구성하라

솔루션 구성하기 방법

6.1 사용자 중심의 형태적 통합
6.2 콘셉트 평가
6.3 규범적 가치 웹
6.4 콘셉트 연결 지도
6.5 예측 시나리오
6.6 솔루션 다이어그램 그리기
6.7 솔루션 스토리보드
6.8 솔루션 연기
6.9 솔루션 프로토타입
6.10 솔루션 평가
6.11 솔루션 로드맵
6.12 솔루션 데이터베이스
6.13 통합 워크숍

Mode 7 | 결과물을 실현하라

결과물 실현하기 방법

7.1 전략 로드맵
7.2 플랫폼 계획
7.3 전략 계획 워크숍
7.4 파일럿 개발과 테스트
7.5 실행 계획
7.6 역량 계획
7.7 팀 구성 계획
7.8 비전 기술서
7.9 혁신 요약서

많은 창업자나 스타트업에 있는 사람들은 아이디어 중심으로 일을 추진한다. 따라서 해당 분야나 아이템에 관한 전반적 조사나 사용자 조사를 수행하지 않아 어려움을 겪는 경우가 많다. 홍대 인근에 커피숍을 차렸던 한 창업자의 이야기는 시사하는 바가 크다. 그는 홍대 입구에 사람들이 많이 지나다니는 것을 보고 커피숍을 냈다가 실패했는데, 지나다니는 사람들의 걸음 속도가 커피숍 지점에서는 무척 빠르다는 사실을 나중에야 알게 되었다. 결국 그곳은 커피숍이 위치하기에는 적당하지 않았던 것이다. 시장에서 정량적 조사를 실시하는 것도 중요하지만, 직접 현장을 방문하고 사람들의 정성적 데이터를 수집해야 하는 이유가 이러한 것이다.

창업자에게도 체계화된 프로세스가 필요한 건 두말할 필요가 없다. 창업 아이템은 어느 순간 번뜩 떠오르기도 하지만, 시장이나 사용자를 깊이 있게 관찰하고 조사하는 과정에서 나와야만 실패를 줄일 수 있기 때문이다. 창업자는 아이디어를 중시하지만, 아이디어만으로는 시장에서 성공하기 어렵다. 아이디어를 좀 더 발전된 콘셉트(가치가 부여된 아이디어의 개념)로 만들고, 이를 좀 더 정교한 비즈니스 모델(콘셉트와 관련된 여러 가지 요소, 즉 파트너, 유통, 홍보, 마케팅 등의 내용이 보강된 비즈니스 콘셉트의 개념)의 형태로 만들어야만 비로소 시장에서 의미를 가질 수 있다. 이런 내용을 잘 알지 못하는 창업자는 창업의 시작 과정을 너무 어렵게 받아들이지만, 프로세스와 의미를 제대로 이해하고 나면 창업 과정과 창업 이후의 성공도 수월해진다.

창업자나 스타트업이 갖고 있는 아이템이 대부분 기능 위주이다 보니, 사용자 경험을 증진시킨다는 가치와는 다소 거리가 멀기도 하다. 따라서 이 프로세스에서는 문화인류학적 조사와 관찰 방법을 통해 아이템을 객관적으로 살펴보고, 수정, 보완할 수 있는 모드 4, 5, 6을 중점적으로 참고할 필요가 있다. 그리고 프로토타입 개념을 적용하는 면이 부족하여 아이템을 시제품화하지 못하는 경우가 많다. 이럴 때는 모드 6에 속한 방법과 내용을 바탕으로 시제품으로 만들어보는 것이 좋다. 이 방법들을 사용하면 창업자와 스타트업이 아이디어와 아이템을 더욱 구체적으로 발전시킬 수 있고, 시장과 경쟁자 또는 사용자 상황을 고려하여 준비된 창업의 길을 갈 수 있다.

1. 창업을 위한 기본적인 조사와 관찰을 게을리하지 마라.

사람들이 원하는 가치value는 끊임없이 변한다. 예를 들면 신발의 가치는 '안전'과 '편리함'에서 '개성'과 '표현'으로 바뀌고 있다. 따라서 사람들이 원하는 가치를 먼저 발견하여 창업 아이템을 만들어야 한다. 모 사이트에서 의류 쇼핑몰을 운영하면서 1년에 700억원 이상의 매출을 올리는 회사가 있는데, 그 회사의 핵심 가치는 '소비자는 옷 자체보다 스타일을 원한다.'이다. 즉 옷의 일반적인 기능을 넘어, 그 옷을 입었을 때 나타나는 스타일에 초점을 맞춘 것이다. 이처럼 소비자가 원하는 가치를 발견하기 위해서는 기본 조사와 관찰이 필수적이다. 최종 소비자와 주위 관련된 사람들이 해당 아이템을 어떻게 인식하고 행동하는지에 관해 철저한 조사가 필요하다. 자신의 생각을 버리고 사용자 관점에서 이해하기 시작하면, 그동안 보이지 않던 많은 정보들이 비로소 머릿속에 떠오른다.

2. 창업 아이템에 관한 지속적인 사용자 피드백을 잊지 마라.

대부분 창업 아이템에 관해 주위 사람들에게 의견을 물어보거나, 기존 설문조사나 초점 집단 인터뷰Focus Group Interview를 실시하는 경우가 많다. 하지만 문화인류학적 관찰이나 심층 인터뷰와 같은 직접적인 사용자 테스트가 더 유용하다. 사용자 입장의 생각과 상황을 솔직하게 들을 수 있고, 해당 아이템을 포장할 필요가 없으며, 비의도적인 대답과 결론을 얻기에 수월하기 때문이다. 이때 사용자에게 '좋다' 혹은 '나쁘다'라는 대답을 유도하지 말고, 본인의 경험에 비추어 사용할 만한지 아닌지를 묻는 게 좋다. '좋다' 혹은 '나쁘다'라는 이분법적 질문에는 대부분 '좋다'라고 답변할 확률이 높기 때문이다. 그리고 조사를 실시할 때에는 가급적 사용자가 현재 생활하고 있는 환경, 즉 집이나 사무실로 찾아가야 한다. 공식적인 장소에서 많은 사람들을 대상으로 조사하면 한두 사람의 빅마우스(어떤 주제에 관해 본인의 의도대로 분위기를 이끌어 가는 사람) 때문에 자신의 의견을 정확히 표현하지 못하는 경우가 많고, 설령 안 좋은 면이 있더라도 진행하는 사람의 입장을 고려하여 좋은 쪽으로 얘기하는 사례가 많기 때문이다.

3. 수익의 극대화보다 사용자에게 줄 수 있는 혜택benefit에 초점을 맞추라.

많은 창업자나 스타트업에 있는 사람들이 가질 수 있는 오류 중의 하나는 사업 수익 극

대화에만 초점을 맞춘다는 것이다. 예전 산업화 시대에는 이런 패러다임이 통했다. 하지만 앞으로는 사용자가 원하는 것이 기능과 시설보다는 경험이나 관계일 가능성이 높다. 사람들은 그 기능과 시설에 돈을 쓰기보다는 그로부터 얻는 혜택에 돈을 쓰려 한다. 따라서 고객 경험 극대화에 공을 들이는 것이 바람직하다. 카카오톡은 처음에 간단한 채팅 기능을 무료로 제공하는 것으로 시작했다. 무료 커뮤니케이션이라는 혜택을 누리게 된 사용자들 덕분에 카카오톡은 빠르게 확장해나갈 수 있었고, 확장된 사용자 집단을 대상으로 새로운 수익 사업(게임, 이모티콘, 선물, 금융, 음악 등)을 추진하며 성장할 수 있었다. 창업 초기부터 너무 수익에 집중하기보다는 사용자에게 실질적으로 제공하는 혜택 늘리기에 집중하는 것이 새로운 전략이 될 수 있다.

비영리 재단, 사회적 기업, 협동조합 등에 관한 관심이 커지면서, 이 영역에 적용할 수 있는 디자인의 중요성도 점차 강조되고 있다. 공공의 이익public interest을 위한 혁신 디자인에 있어서는 프로젝트의 정의define가 무엇보다 중요하다. 올바른 프로젝트 정의가 이뤄지고 나면 공익적 목적에 부합하는 사람들을 선별하여 조사하고, 수집된 데이터를 분서하고, 문제점을 찾아내고, 솔루션solution을 제시하게 된다. 아프리카의 물 문제 해결을 위해 아이디오IDEO가 진행한 아쿠아덕트aquaduct 프로젝트가 대표적인 공공 디자인 사례다. 자전거의 뒤에 놓인 물통에 물을 채우고 자전거로 이동하면, 이동 중에 물이 정수되어 자전거 앞에 있는 물통에 자동 저장된다. 이것은 물 운반과 위생 문제를 자연스럽게 해결하는 솔루션이었다. 다양한 사회적 가치가 중시되고 있는 변화로 인해, 공익적 목적의 디자인은 더욱 중요해질 것이다.

이 분야의 혁신 프로젝트를 위한 방법은 대부분 모드 1, 3에 초점이 맞추어져 있다. 혁신 프로젝트의 정의와 의도, 관련된 전문가 인터뷰, 현장 관찰 등이 특히 중요하다. 다음의 방법론을 잘 활용하면 공공 디자인에서의 혁신 콘셉트를 발견하고 실현하는 데 효과적이다.

■ 마인드세트

1. 대중의 삶 속으로 들어가라.

공익 목적의 혁신 프로젝트의 답은 바로 대중의 삶 속에 있는 경우가 대부분이다. 그럼에도 혁신 프로젝트의 주체들은 현장 관찰이나 조사 방법론에 관한 지식이 부족하여 책상 위에서 답을 찾으려 하는 경우가 많다. 문화인류학적 조사 방법론 중 하나인 AEIOU(Activities, Environments, Interactions, Objects, Users)나 POEMS(People, Objects, Environments, Messages, Services)와 같은 현장 조사 방법을 활용할 경우 혁신 프로젝트의 성공 가능성이 훨씬 높아진다. 또한 가능한 한 많은 사람과 다양하게 인터뷰를 진행하는 것도 큰 도움이 된다.

2. 대중 매체의 다양한 요소를 결합하라.

신문, 방송과 같은 대중 매체는 연일 엄청난 양의 기사와 뉴스를 쏟아내며 사회적 이슈를 만든다. 대중 매체는 사람들의 공통 인식이나 패턴을 기사화하기 때문에 공익적 요소와 관련될 확률이 높으며, 이들이 표면화한 사회적 이슈 또한 공익적 디자인과 연결될 맥락을 갖는다. 따라서 대중 매체의 다양한 측면을 고려하는 것이 공익적 혁신 프로젝트에 아주 중요하다.

3. 대중의 전반적 인식을 발견하라.

대중의 삶 깊숙이 들어가서 교감하며 그들이 요구하는 것을 정확하게 읽어라. 사람들은 자신의 욕구와 불만을 제대로 표현하지 못할 수 있다. 이미 사회적 관습과 문화 속에서 불편함에 익숙해졌기 때문이다. 따라서 인내심을 갖고 많은 시간을 할애하여 관찰하고, 관찰 결과에 관해 깊이 있는 대화를 나눠야만 대중의 전반적인 인식과 패턴을 찾아낼 수 있다. 깊숙이 들어가서 관찰하라. 그리고 진심으로 공감하고 교감하라. 그러면 본질이 보인다.

❺ 팀장, PM, 동아리 회장 등

Mode 1 | 목적을 탐지하라

목적 탐지하기 방법

1.1 버즈 리포트
1.2 대중 매체 살펴보기
1.3 주요 사실
1.4 혁신 자료집
1.5 트렌드 전문가 인터뷰
1.6 키워드 통계분석학
1.7 혁신의 10가지 유형 프레임워크
1.8 혁신 조망도
1.9 트렌드 매트릭스
1.10 융합 지도
1.11 출발과 끝 탐험
1.12 초기 기회 지도
1.13 결과물–활동–문화 지도
1.14 목적 기술서

Mode 2 | 맥락을 파악하라

맥락 파악하기 방법

2.1 맥락 조사 계획
2.2 대중 매체 검색
2.3 출판물 조사
2.4 시대별 지도
2.5 혁신 진화 지도
2.6 재무 프로필
2.7 유사 모델
2.8 경쟁자–보완자 지도
2.9 혁신의 10가지 유형 진단
2.10 업계 진단
2.11 SWOT 분석
2.12 주제 관련 전문가 인터뷰
2.13 이익집단 토론

Mode 3 | 사람을 이해하라

사람 이해하기 방법

3.1 조사 참가자 지도
3.2 조사 계획 설문
3.3 사용자 조사 계획
3.4 5가지 인간 요소
3.5 POEMS
3.6 현장 방문
3.7 비디오 문화인류학
3.8 문화인류학적 인터뷰
3.9 사용자 사진 인터뷰
3.10 문화적 탐구물
3.11 이미지 분류
3.12 경험 시뮬레이션
3.13 현장 활동
3.14 원격 조사
3.15 사용자 관찰 데이터베이스

Mode 4 | 통찰을 구조화하라

통찰 구조화하기 방법

4.1 관찰 결과를 통찰로 만들기
4.2 통찰 분류
4.3 사용자 관찰 데이터베이스 쿼리
4.4 사용자 반응 분석
4.5 ERAF 시스템 다이어그램
4.6 서술적 가치 웹
4.7 주체 포지션 지도
4.8 벤 다이어그램 그리기
4.9 수형도/세미–격자 다이어그램 그리기
4.10 대칭적 클러스터링 매트릭스
4.11 비대칭적 클러스터링 매트릭스
4.12 활동 네트워크
4.13 통찰 클러스터링 매트릭스
4.14 의미 프로필
4.15 사용자 그룹 정의
4.16 매력적 경험 지도
4.17 사용자 여정 지도
4.18 요약 프레임워크
4.19 디자인 원칙 생성하기
4.20 분석 워크숍

Mode 5 | 콘셉트를 탐험하라

콘셉트 탐험하기 방법

5.1 원칙을 기회로 만들기
5.2 기회 마인드 맵
5.3 가치 가설
5.4 페르소나 정의
5.5 아이디에이션 세션
5.6 콘셉트 생성 매트릭스
5.7 콘셉트 은유와 유추
5.8 역할극 아이디에이션
5.9 아이디에이션 게임
5.10 인형극 시나리오
5.11 행위 프로토타입
5.12 콘셉트 프로토타입
5.13 콘셉트 스케치
5.14 콘셉트 시나리오
5.15 콘셉트 분류
5.16 콘셉트 그룹화 매트릭스
5.17 콘셉트 카탈로그

Mode 6 | 솔루션을 구성하라

솔루션 구성하기 방법

6.1 사용자 중심의 형태적 통합
6.2 콘셉트 평가
6.3 규범적 가치 웹
6.4 콘셉트 연결 지도
6.5 예측 시나리오
6.6 솔루션 다이어그램 그리기
6.7 솔루션 스토리보드
6.8 솔루션 연기
6.9 솔루션 프로토타입
6.10 솔루션 평가
6.11 솔루션 로드맵
6.12 솔루션 데이터베이스
6.13 통합 워크숍

Mode 7 | 결과물을 실현하라

결과물 실현하기 방법

7.1 전략 로드맵
7.2 플랫폼 계획
7.3 전략 계획 워크숍
7.4 파일럿 개발과 테스트
7.5 실행 계획
7.6 역량 계획
7.7 팀 구성 계획
7.8 비전 기술서
7.9 혁신 요약서

소규모 조직의 리더들의 가장 큰 고민은 구성원들에게 역할별로 업무를 나누고 관리하는 것이다. 모든 업무는 프로세스로 구성되는데, 프로세스가 제대로 정의되어 있지 않을 경우 혼선이 생기기 쉽고 목표한 성과를 내지 못하는 경우가 많다. 문제를 새롭게 정의하고, 그에 따라 현장 조사와 관찰을 시행하고, 수집된 데이터를 분석함으로써 앞서 정의한 문제의 본질과 배경을 파악하고, 이 결과를 기반으로 아이디어와 콘셉트를 개발하고, 이것을 실행 가능한 결과물로 만드는 것이 바로 프로세스다. 프로세스는 모든 업무를 효율적이고 의미 있게 수행하게 만드는, 가장 적절한 수단이다.

심지어 새롭고 획기적인 아이디어를 만들어내는 것 역시 잘 디자인된 프로세스를 통해 가능하다. 사람들의 재능은 모두 다르기 때문에, 많은 사람을 한곳에 모아놓았다고 해서 반드시 좋은 결과가 나오는 것은 아니다. 또한 한 사람이 좋은 아이디어를 제시했다 하더라도, 다른 사람들이 여기에 자신만의 평가 잣대를 들이댈 경우 그 아이디어는 빛을 보기도 전에 사장되기 쉽다. 아이디어 개발에도 적절한 프로세스가 필요한 이유가 바로 여기에 있다. 우선 제시된 아이디어에 공감하고, 그 아이디어를 발전시키기 위한 질문을 던지고, 아이디어를 보완하고, 최종적으로 평가하는 단계적 절차가 필요하다. 이러한 프로세스가 의미 있게 적용되지 않는다면 효과적인 아이디에이션이 불가능하다. 아이디에이션에서 범할 수 있는 또 다른 오류는 새로운 아이디어를 찾는 데 너무 많은 시간을 할애하는 것이다. 충분한 조사와 분석이 이루어지지 않은 상태에서는 제시된 아이디어에 오류가 있을 확률이 높다. 그래서 아이디어 회의를 시작하기 전에 객관적인 조사를 통해 원하는 영역에서 필요로 하는 데이터를 수집하고 분석할 필요가 있다. 이것을 바탕으로 해야만 좋은 아이디어를 많이 만들어낼 수 있다.

팀을 이끄는 리더는 구성원들과 전반적인 프로세스를 공유하고 이에 맞는 일처리를 해나갈 수 있어야 한다. 팀장, PM, 각 동아리를 맡고 있는 리더들은 초반부터 아이디어 중심적인 접근에 치중할 것이 아니라, 모드 2, 3을 통해 충분한 조사를 실시한 후, 모드 5, 6을 통해 아이디어와 콘셉트 탐험을 진행해야 한다. 일반적인 아이디어 회의에서 만날 수 있는 오류들이 이 책에 잘 언급되어 있다. 혁신 프로세스와 방법을 잘 적용하면 효과적으로 팀을 이끌면서 아이디어를 도출하는 데 큰 도움이 될 것이다.

1. 조사와 분석이 먼저다.

지금은 사용자의 경험과 감성, 관계를 중시하는 사회다. 사람들의 인식과 편익, 각 주체 간의 관계가 무엇보다 중요하므로, 이런 것들에 대한 조사와 분석이 아이디어 도출보다 우선해야 한다. 방법에 있어서도 정량적 조사보다는 사용자의 마음과 생각을 읽을 수 있는 정성적 접근법이 중요하다. 정성적 데이터 수집을 위해서는 디자인 중심의 접근법 design-driven approach을 위한 가이드라인과 기술이 필요하다.

2. 무언가를 연결하기 위한 노력에 집중하라.

디자인 중심의 접근법에서는 성급한 선택과 결정을 내리기보다는 가급적 많이 연결하고 융합하기 위해 많은 시도를 해야 한다. 문제 해결을 위한 새로운 답을 많이 만들어내는 것보다는, 문제를 새롭게 정의하고, 보이지 않는 문제를 발견하는 것이 더 중요하다. 따라서 논리와 결정을 위한 대화보다도 융합과 연결을 위한 대화를 자주 해야 한다. 이 때 필요한 것이 경청과 공감의 능력이다. 경청과 공감을 통해 문제의 본질을 찾는 것이 우선이다.

3. 협력하고 융합할 수 있는 시스템을 만들어라.

좋은 업무 환경에는 물리적 요소뿐 아니라 구성원의 발전과 보람, 원활한 업무 협조, 최종 성과물에 대한 공유처럼 눈에 보이지 않는 것들도 포함된다. 특히 다양한 변수와 급변하는 환경으로 인해, 협력과 융합을 통해 만들어내는 성과가 능력 있는 한 개인의 성과를 압도하는 경우가 많으므로 비가시적인 환경 조성에 주의를 기울여야 한다.

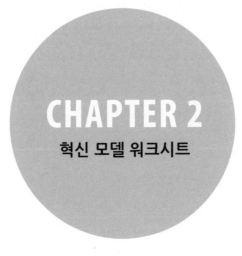

CHAPTER 2
혁신 모델 워크시트

자주 사용되는 방법론 모음

이 책에 실린 프로세스 방법론은 본서 《혁신 모델의 탄생》의 101가지 디자인 방법론 가운데 가장 중요하고 자주 사용되는 것을 모은 것이다. 선정된 모드별로 간략한 소개와 함께 활용도가 높은 워크시트 70개가 포함되어 있어 현장에서 바로 활용할 수 있도록 구성되었다.

각 방법론 앞에 적혀 있는 번호는 본서에 있는 번호를 그대로 활용했는데, 각 방법론에 대해 구체적으로 찾아보려면 본서의 번호가 필요하기 때문이다.

각 방법론을 활용하는 데는 특별한 우선순위가 없다. 예를 들어 모드 1. '목적을 탐지하라' 안에서 어떤 방법을 어떤 순서로 적용할지는 혁신 프로젝트 구성원 간의 합의를 통해 진행할 수 있다. 또한 가급적이면 모드 1부터 모드 7까지 순서대로 적용할 것을 권하지만, 프로젝트의 특수성과 환경에 따라 순서를 바꾸어도 무방하다. 아이디어가 필요하면 모드 5에서 시작할 수 있고, 조사와 관찰이 필요하면 모드 2와 3부터 적용해도 된다.

Mode 1 : 1.2 1.3 1.5 1.7 1.9 1.12 1.14

Mode 2 : 2.1 2.4 2.8 2.10 2.11 2.12 2.13

Mode 3 : 3.1 3.3 3.4 3.5 3.6 3.7 3.8 3.9 3.10 3.11 3.12 3.13

Mode 4 : 4.2 4.4 4.5 4.6 4.7 4.8 4.9 4.10 4.11 4.13 4.14 4.15 4.17 4.20

Mode 5 : 5.1 5.2 5.3 5.4 5.5 5.6 5.8 5.11 5.12 5.13 5.14 5.15 5.16

Mode 6 : 6.2 6.3 6.4 6.5 6.7 6.9 6.10 6.11 6.13

Mode 7 : 7.1 7.3 7.4 7.5 7.6 7.7 7.8 7.9

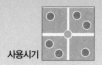

거시적 관점에서 대중 매체를 살피면서, 중요한 문화 현상 이해하기

WHAT IT DOES

대중 매체를 살핌으로써 최근의 트렌드, 사람들이 관심을 보이는 것, 그리고 문화 트래커 (cultural tracker)가 흥미롭게 생각하는 것 등을 깊이 있게 이해할 수 있다. 이 방법은 프로젝트 초기 계획에 영향을 줄 수 있는 문화적 흐름을 파악하는 데 도움을 준다.

HOW IT WORKS

1단계: 프로젝트 관련 주제를 폭넓게 파악하라.

프로젝트와 관련된 주제를 폭넓게 파악하기 위해 마인드맵 작성을 위한 세션을 만들어라. 더 많은 탐구를 위해 이미 파악된 주제와 하부 주제도 함께 고려하라.

● 프로젝트 초기 오른쪽 표를 크게 그리고 관련 정보를 수집하여 내용을 기록하세요.

2단계: 관련된 주제에서 정보를 얻어라.

주제와 직간접적으로 관련된 정보를 얻기 위해 블로그, 웹사이트, 잡지, 텔레비전 프로그램, 광고, 이벤트, 영화까지 살펴라.

3단계: 패턴을 찾아라.

축적된 정보를 살피면서 패턴을 찾아라.

● 관련 정보 맵에서 의미 있는 것들을 표기하고 관련 있는 정보는 서로 연결하여 내용을 표기하세요.

4단계: 인접한 주제도 살펴라.

다른 분야의 트렌드가 관련된 프로젝트에도 영향을 미칠 수 있다.

5단계: 찾아낸 정보를 요약하고 기회에 대해 토론하라.

변화의 패턴이 그 분야에서 어떤 혁신을 일으킬 수 있는지, 초기 계획에 어떤 영향을 줄 수 있는지에 대해 토론하라.

--- **WORK** SHEET ---

아래와 같이 주제와 관련된 내용을 확대하여 보고 그 내용을 정리하고 토론하세요.

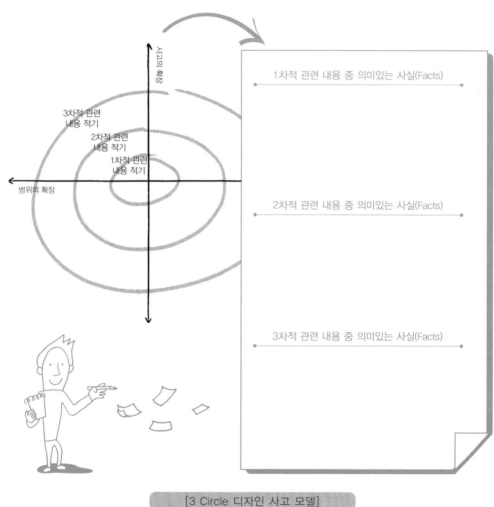

[3 Circle 디자인 사고 모델]

TIPS

1. 데이터의 기준에 상관없이 가급적 많은 정보를 획득하세요.

2. 데이터의 옳고 그름에 신경 쓰지 마세요.

3. 발견된 사실들 중에서 의미 있는 것에 표시를 해두세요.

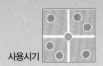
목적 기술서intent statement의 근거를 위해 주요 정보 수집하기

WHAT IT DOES

주요 사실이란 신뢰할 수 있는 자료로부터 얻은 정보를 의미한다. 주요 사실은 토론하기 알맞게 정리된 자연적 통계일 수도 있고, 짧게 요약된 전문가의 의견일 수도 있다. 주요 사실을 수집하면 정보를 기반으로 한 혁신 계획을 수립하는 데 도움이 된다. 또한 어디서 정보를 얻을지 알려주는 기준점이 되기도 한다.

HOW IT WORKS

1단계: 대략적인 주제를 정의하라.

고객의 요점을 통하여 또는 프로젝트 팀 자체적으로 결정할 수 있다.

2단계: 주제에 대한 믿을 만한 정보 소스를 확보하라.

주제와 관련 있는 전문가, 연구 단체, 정부나 개인 에이전시 목록을 정리하여 통계 자료를 수집·분석하고, 관련된 정보를 얻을 수 있는 다른 곳도 알아놓아라.

3단계: 다양하고 폭넓게 조사하라.

탐정이 주제에 관한 믿을 만한 정보를 모으기 위해 작업하는 것처럼 조사를 시행하라.

4단계: 종류에 따라 정보를 분류하라.

주요 사실들을 적절성, 관련성, 무관련성 등으로 구분하고 나서 통계, 의견, 요약 등과 같은 방식으로 분류하라.

💬 오른쪽 표를 만들어 프로젝트 구성원이 공유하도록 만드세요.

5단계: 주요 사실들을 일관성 있는 논리로 요약하라.

혁신을 위한 초기 목표 설정에 가장 중요한 출발점이 된다. 주요 사실들이 추가 조사의 필요성을 알려주기도 한다.

WORK SHEET

아래와 같이 주요 사실들을 발견하여 노트, 엑셀, 구글 드라이브와 같은 소프트웨어에 저장하세요.

주제	주요사실(Facts)	출처 (Source)	관련 정도 (상/중/하)	추가 조사 분야	관련 아이디어
E-Book (예시)	많은 경우 E-Book이 실제 책보다 가독성이 떨어진다고 생각하지만, 실제로 사용해보면 더 편리하다는 사실을 발견할 수 있다.	실제로 체험해봄	상	E-Book 관련기능	E-Book을 좋아하는 연예인의 목소리로 청취할 수 있는 기능

[주요 사실 소스 북]

TIPS

1. 가급적 프로젝트 초기에 다양한 사실을 발견하려고 노력하세요.

2. 의미 있는 사실을 발견하여 관련 전문가를 찾을 수 있으면 더 좋습니다.

3. 구글드라이브google drive와 같은 클라우드cloud 서비스를 이용하면 프로젝트 구성원들이 장소와 시간에 구애받지 않고 참여할 수 있습니다.

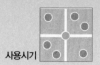

트렌드 전문가와의 대화를 통해 최근 동향과 미래 가능성 파악하기

WHAT IT DOES

트렌드 전문가 인터뷰는 주제와 관련된 동향을 빠르게 파악하는 데 큰 도움을 준다. 미래학자, 경제학자, 교수, 작가, 연구원처럼 특정 주제 영역의 전문가들과 대화를 나눔으로써 귀중한 통찰을 매우 빠르게 얻을 수 있고, 추가 정보가 어디 있는지에 대한 힌트를 얻을 수도 있다.

HOW IT WORKS

1단계: 이해해야 할 주제들을 규정하라.

프로젝트 브리핑 단계에서 이뤄져야 한다. 하지만 더 배우고자 하는 주제와 트렌드의 형식에 관해 끊임없이 검토하라

2단계: 전문가를 파악하라.

인터넷 검색, 동료들과의 대화, 문헌 조사 또는 다른 자료의 조합을 통해 주제에 관련한 전문가 목록을 만들어라.

3단계: 인터뷰 준비에 최선을 다하라.

전문가가 쓴 기사와 책, 칼럼 등을 읽고 그의 관점을 이해하라. 인터뷰의 원활한 진행을 위해 질문지를 미리 작성하라.

4단계: 인터뷰를 실시하라.

준비된 질문으로 대화를 이끌어나가라. 그리고 대화 중에 참고할 수 있는 것을 기록하면 나중에 있을 추가 인터뷰에 도움이 된다.

● 인터뷰 진행 시 오른쪽 메모지와 같은 양식을 활용하여 기록하세요. 인터뷰 진행 후 반드시 디브리핑(소감 공유)을 진행하세요.

5단계: 듣고, 기록하고, 덧붙여라.

인터뷰는 적극적인 경청을 요구한다. 허용된다면 기록 장치를 이용해서 대화를 녹음하라.

● 인터뷰 진행 시 반드시 녹음을 하고, 필요한 경우 사진도 찍어두세요.

6단계: 기록하고 요약하라.

새로 발견된 것을 잘 요약하고 자료에 추가하여 팀원들 모두가 공유할 수 있게 한다

―― **W**ORK SHEET ――

아래와 같이 트렌드 전문가를 인터뷰하고 내용을 적어보세요.

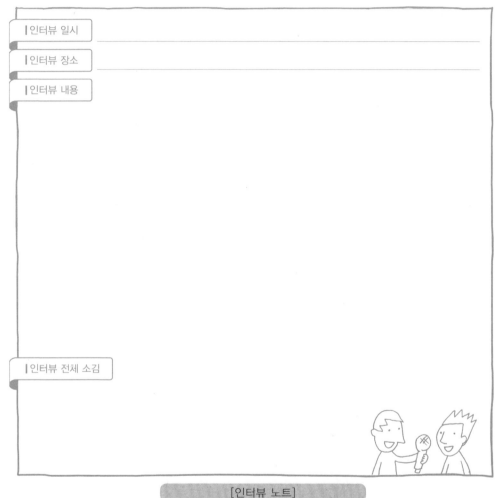

| 인터뷰 일시

| 인터뷰 장소

| 인터뷰 내용

| 인터뷰 전체 소감

[인터뷰 노트]

TIPS

1. 유도 질문은 금물! 반드시 개방형 질문으로 인터뷰하세요.

2. 인터뷰 대상자의 지식과 경험을 많이 듣는 방향으로 진행하세요.

3. 내용을 요약하여 적기보다는 있는 그대로를 적으려고 노력하세요. (나의 해석 NO! 있는 그대로!)

업계 내 여러 유형들의 혁신에 관한 본질 이해하기

WHAT IT DOES

도블린이 개발한 이 프레임워크에 따르면 모든 혁신은 '재무, 프로세스, 결과물, 전달'이라는 네 개 영역 가운데 한 곳에서 이뤄진다. 재무 영역에는 비즈니스 모델, 네트워킹과 관련된 혁신이 있고, 프로세스의 혁신은 핵심 프로세스와 합법화 프로세스가 포함된다. 결과물 영역의 혁신은 제품 성능과 시스템, 서비스가 포함되며, 전달 영역에는 경로, 브랜드, 사용자 경험 등이 있다.

HOW IT WORKS

1단계: 업계와 관련된 정보를 모아라.

비즈니스 전체를 이해하고 업계 주요 기업들의 활동을 짐작하라.

2단계: 업계 내 혁신 사례를 수집하고 정리하라.

네 개의 영역으로 정리된 혁신의 10가지 유형 프레임워크에 맞춰 업계의 혁신을 기록하라.

● 자세한 방법론은 본서 1.7을 확인하세요.

3단계: 혁신을 시각적 다이어그램으로 만들어라.

조사 내용이 업계와 관련한 내용을 충분히 다루고 있는지 확인하라.

● 다이어그램(막대그래프 혹은 선그래프)을 만들고, 혁신 활동의 높낮이를 10가지 유형에 각각 표시하세요.

4단계: 찾아낸 통찰을 공유하고, 기회에 관해 토의하라.

10가지 유형의 혁신을 검토하라. 아주 흔하거나 보기 힘든 혁신의 경우 분명한 이유가 있어야 한다. 통찰을 기록하고, 구성원과 나누며, 이후의 활동과 혁신의 기회에 대하여 토론하라.

● 오른쪽 페이지에서 왼쪽 다이어그램에 나타난 점을 오른쪽 노트에 메모하고, 그 부분들이 주는 시사점을 토의해보세요.

아래와 같이 관련 내용을 조사한 후 토의를 통하여 통찰을 발견해보세요.

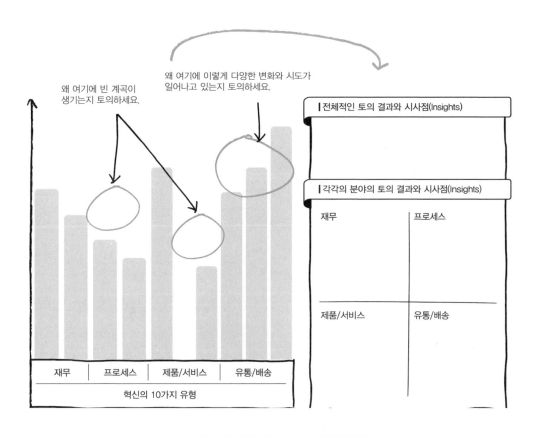

왜 여기에 빈 계곡이
생기는지 토의하세요.

왜 여기에 이렇게 다양한 변화와 시도가
일어나고 있는지 토의하세요.

전체적인 토의 결과와 시사점(Insights)

각각의 분야의 토의 결과와 시사점(Insights)

재무	프로세스
제품/서비스	유통/배송

재무	프로세스	제품/서비스	유통/배송

혁신의 10가지 유형

[혁신의 10가지 유형 프레임워크]

TIPS

1. 각 영역의 최초 변화에 집중하여 보세요.

2. 변화의 영향이 적은 영역의 잠재적 이유(latent causes)를 발견하려 노력하세요.

3. 각 영역의 변화 중 관련성이 있는 요소를 발견하세요.

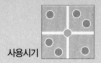
지금의 변화를 요약하여 미래의 방향 제시하기

WHAT IT DOES

트렌드 매트릭스는 트렌드와 변화에 대한 요구가 기술, 비즈니스, 사람, 문화, 정책에 어떤 영향을 미치는가를 알기 쉽게 보여준다. 이 매트릭스를 보면 트렌드가 해당 프로젝트에 미치는 영향을 한눈에 알 수 있다. 문화와 여행 관련 프로젝트라면 여행 도구, 관련 서비스, 경험, 정보, 그리고 유사한 부분에 대한 정보가 필요할 것이다.

HOW IT WORKS

1단계: 트렌드 매트릭스를 위한 범위를 설정하라.

세로축은 주로 기술, 비즈니스, 사람, 문화, 정책 등으로 설정된다. 가로축은 시간의 흐름에 따라 과거, 현재, 미래로 구분하여 나타낸다. 추적하고자 하는 프로젝트의 부분들, 예를 들면 사용자의 유형, 주제, 고려할 수 있는 시스템 요소 등을 표시한다

2단계: 매트릭스를 관련된 트렌드로 채워라.

프로젝트에 영향을 줄 수 있는 기술, 비즈니스, 사람, 문화, 정책 등과 관련된 트렌드를 찾아라.

3단계: 한발 물러서서 매트릭스를 개략적으로 토의하라.

다양한 트렌드가 어떻게 관련되는지 비교·파악하라. 함께 발전하고 있는 유사 트렌드 간의 패턴을 파악하라.

4단계: 매트릭스 내에 존재하는 통찰을 포착하라.

트렌드 패턴을 파악하고, 시장을 주도하는 트렌드가 이떤 변화를 일으키는지, 또 앞으로 어떻게 발전할 것인지에 관해 토의하고, 팀원들의 통찰을 기록하라.

아래와 같이 두 가지 축을 만든 다음 내용을 찾아 기술하고, 각각의 요소를 연결하여

▨▨ 의 영역에서 새로운 트렌드를 발견하세요.

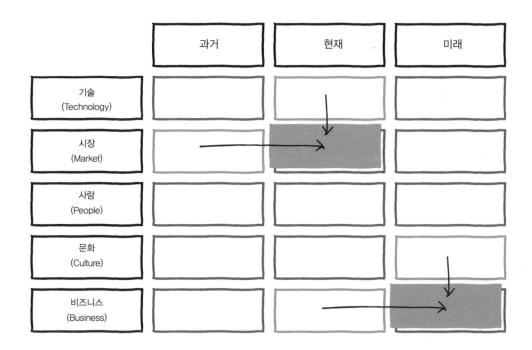

	과거	현재	미래
기술 (Technology)			
시장 (Market)			
사람 (People)			
문화 (Culture)			
비즈니스 (Business)			

[트렌드 매트릭스]

TIPS

1. 트렌드는 작은 요소가 큰 의미를 가질 수도 있으니, 버리지 마시고 모두 모으세요.
2. 없는 트렌드를 억지로 만들어내지 않아도 됩니다.
3. 두 개의 영역을 연결하여 트렌드를 예측하고 그 칸의 상황과 비교해보세요.

현재의 포지션과 관련된 곳으로 이동할 수 있는 기회 추정하기

WHAT IT DOES

초기 기회 지도는 가능한 혁신 기회를 4분면 지도 위에서 탐구하도록 도와준다. 이 지도는 트렌드와 기타 변화에 대한 깊은 이해에 근거하여, 전략적으로 중요하다고 판단되는 프로젝트의 두 가지 핵심 차원을 도출하는 과정이다.

HOW IT WORKS

1단계: 핵심 차원을 찾아라.

검토하고 있는 산업의 방향에 잠재적 영향을 미칠 수 있는 트렌드 목록을 만들어라. 이 트렌드에 따라 달라지는 전략적 차원을 찾아라.

2단계: 지도를 만들고 산업 참가자들을 표시하라.

찾아낸 두 개의 핵심 차원을 이용하여 4분면 지도를 만들고, 그곳에 산업 참가자들을 표시하라.

● 브레인스토밍을 통해 Key Factor를 도출하고, 각각 가능성과 가치성을 0~5점으로 평가하세요 그중 가장 높은 점수를 차원 1로, 두 번째를 차원 2로 하여 영역을 표시하고 내용을 맵에 표기하세요.

3단계: 지도에 관해 논의하고 기회 분야를 찾아라.

아직 누구도 주도권을 갖고 있지 않는 기회 분야를 찾아라. 산업 트렌드와 기타 원동력에 근거하여 해당 분야가 정말 기회인지 아닌지 가늠하라.

4단계: 혁신 기회를 추정하라.

혁신(또는 조직)이 찾아낸 기회 공간으로 이동할 수 있는 가능성에 대해 논의하라. 혁신이 그 공간에서 얼마나 성공적으로 이뤄질 수 있는지 검토하라.

WORK SHEET

아래와 같이 프로젝트와 관련된 핵심 차원들을 도출하고, 기회 영역을 찾아보세요.

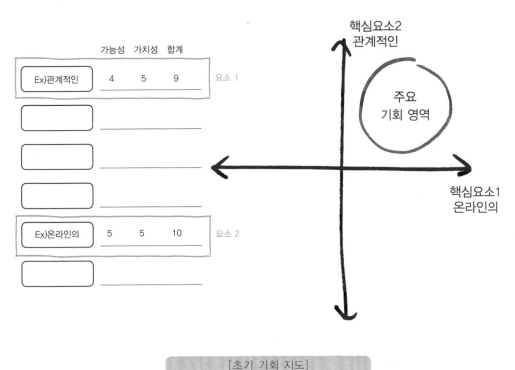

핵심요소2
관계적인

주요
기회 영역

핵심요소1
온라인의

	가능성	가치성	합계	
Ex)관계적인	4	5	9	요소 1
Ex)온라인의	5	5	10	요소 2

[초기 기회 지도]

TIPS

1. 핵심 차원 선정이 중요하므로 반드시 합의를 통해 도출하세요.

2. 4분면에 1,9의 트렌드를 표시하고 그 의미를 파악하세요.

3. 작은 움직임과 패턴에도 관심을 가지세요.

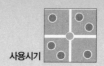

찾아낸 기회를 바탕으로 초기 혁신 목적 명시하기

WHAT IT DOES

목적 기술서는 트렌드에 대한 이해를 바탕으로 혁신적 시도로 이끄는 초기 관섬을 예측하기 위한 방법이다. 목적 기술서는 일반적으로 원하는 혁신의 핵심 측면을 포착한 문장 형태로 나타난다. 목적 기술서는 예비 단계이므로, 프로세스를 진행하면서 이를 재구성할 준비가 되어 있어야 한다. 목적 기술서를 면밀하게 작성하면 후속 작업에 좋은 근거가 된다.

HOW IT WORKS

1단계: 다른 방법들을 통해 찾아낸 혁신 기회를 검토하라.

다른 방법으로 얻어낸 결과물을 조사하라. 찾아낸 혁신 기회를 검토하고, 잠재력이 높은 것에 초점을 맞추어라.

2단계: 이들을 전체적으로 분석하여 정의하라.

초기 탐구 단계에서는 무한한 기회를 찾아낼 수 있다. 이들을 심층 분석하여 정의하라. 다음 프레임워크를 바탕으로 기회를 명확하게 정의하라.

3단계: 관점을 가져라.

가능성에 관해 팀원들과 토의하라. 혁신을 강력히 추진할 수 있는 기회는 무엇인가? 초기의 입장을 유지하라. 어떤 기회에서 시작할지, 그 관점을 공유하라.

4단계: 초기 혁신 기술서를 구성하라.

구조화된 프레임워크를 사용하여 혁신 기술서를 작성하라.

● 오른쪽 표를 준용하여 프로젝트의 목적 기술서를 작성하세요. 그리고 이 내용을 주변의 관계자들과 공유하세요.

5단계: 혁신 목적을 기술하라.

명료하고, 이해하기 쉬우며, 공유 가능한 형태로 표현하여 기술서 초안을 작성하라.

WORK SHEET

아래의 표와 같이 프로젝트의 목적을 구분하여 기록하세요.

| 목적과 배경 | 개요(Project/Task) |

| 최종 고객 | |

| 새로운 기회와 가치 | 위험 요인 |

[프로젝트 목적 기술서]

TIPS

1. 프로젝트의 목적이 명확히 규명되었을 때 적으세요.

2. 최종 정리할 때는 모두가 합의할 수 있는 수준으로 적으세요.

3. 그림이나 다이어그램 등 형식은 자유롭게 하세요.

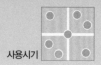
사용시기

혁신의 맥락을 조사하기 위한 일정과 계획 만들기

WHAT IT DOES

맥락 조사 계획은 조사하려는 것이 무엇인지, 그리고 그것을 어떻게 성취할 것인지에 관해 전반적인 계획과 일정을 수립하는 방법이다. 이를 통해 프로젝트 시작 단계에서 어느 정도 명확하고 엄격한 탐구 활동 계획이 가능하다.

HOW IT WORKS

1단계: 조사에 필요한 분야를 정의하라.

주어진 시간과 자원이 한정된 만큼, 연구하려는 맥락과 가장 깊이 연관된 영역에 집중하라.

2단계: 출처를 정의하라.

수집해야 하는 정보 종류를 찾아라.

3단계: 조사 방법을 규정하라.

사용하고자 하는 구체적인 조사 방법을 결정하라. 이번 장에 소개되는 방법들을 참고하여, 모으려는 자료 종류에 맞는 방법을 결정하라.

4단계: 조사 계획 일정표를 작성하라.

시작일과 종료일을 분명히 정하고, 일하는 방법을 결정하라.

● 오른쪽 표와 같이 전체 일정표를 만들어서 팀원들과 공유하세요.

5단계: 조사 계획에 관한 전체적인 다이어그램을 작성하라.

맥락 조사 계획을 훑어보고, 팀을 이루어 검토하라.

═══════ WORK SHEET ═══════

아래와 같이 조사 계획을 일정에 맞게 세부적으로 작성하세요.

주요 Task	세부 Task	Week1	Week2	Week3	Week4	Week5	WeekN
Ex)전문가 인터뷰	대상자 선정						
	대상자 인터뷰 수행						

[맥락 조사 계획서]

TIPS

1. 주요 Task를 먼저 규정하고 세부 업무를 적으세요.

2. 계획서는 초안을 준비하고 전체가 공유하여 머릿속에 간직하세요.

3. 일정은 유동적이니 너무 집착하지 않으셔도 됩니다.

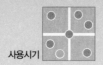
맥락 내에서 구분되는 시대들을 표시하고, 관심 주제에 따라 묘사하기

What It Does

시대별 지도는 연구 맥락에 관한 역사적 관점을 제공한다. 시간에 따라 사물이 어떻게 달라졌는지 이해하면 맥락에 대해 더 큰 그림을 그릴 수 있고, 미래의 방향과 기회를 파악하는 데 도움이 된다.

How It Works

1단계: 추적할 속성과 기간을 정하라.

시대별 지도를 통해 프로젝트 주제의 어떤 특성을 포착하고 싶은지 정하라.

● 오른쪽 표와 같이 시대적 사실, 사건, 이벤트 등을 표기할 수 있는 양식을 준비하세요.

2단계: 역사적 맥락을 조사하라.

선택한 기간 동안 발생한 사건들을 추적하여 관련된 역사적 정보를 찾아라. 그리고 선택한 속성들이 시간에 따라 어떻게 변해왔는지 조사하라.

3단계: 지도를 시각화하라.

조사에서 수집한 정보를 시대별로 적어 지도를 작성하라.

4단계: 시대를 규정하고 이름 붙여라.

타임라인에서 뚜렷이 구분되는 시대들을 규정하고, 그 아래에 각 시대의 특징을 정확하게 기록하라.

5단계: 통찰을 찾아라.

팀을 구성하여 지도 전체를 들여다보며 연구하라.

● 정리된 내용 중 시사점이 있는 내용을 표기하고 관계자들과 공유하세요.

아래와 같이 가로축에는 시대적 구분을,

세로축에는 관련 요소를 배치하여 시대별 지도를 그려보세요.

	Era 1 시대명칭	Era 2 시대명칭	Era 3 시대명칭	Era 4 시대명칭
시대적 기간	~	~	~	~
요소 A Ex) 휴대폰의 개념	아날로그 휴대폰	디지털 휴대폰	피처폰	스마트폰
요소 B				
요소 C				
요소 D				
요소 E				

[시대별 지도]

TIPS

1. 한두 사람이 초안을 준비하고, 전체가 의견을 모으세요.

2. 시대적 특징과 사건을 많이, 정리하지 말고 그대로 표기하세요.

3. 특징적 사건이나 이벤트의 이유를 파악하세요.

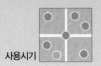

조직, 경쟁자, 보완자를 지도로 나타내기

WHAT IT DOES

지도를 통해 업계 내 다양한 조직들이 어떻게 경쟁 또는 보완 역할을 하고 있는지 알 수 있다. 이 방법은 조직과 경쟁자들을 가격, 질, 이익, 시장 점유율, 고객의 종류와 같은 핵심 요소에 따라 지도에 배치하는 것이다.

HOW IT WORKS

1단계: 업계 내 경쟁자와 보완자를 파악하라.

경쟁자는 자사와 같은 고객을 목표로 하는 조직이다. 보완자는 같은 업계에서는 서로 돕지만 다른 업계에서는 경쟁하거나, 업계 내에서 보완적 역할을 하는 조직일 수 있다.

2단계: 비교의 차원을 설정하라.

비교의 차원은 시장점유율, 이윤, 고객의 종류, 또는 비교하고자 하는 모든 것이 가능하다.

3단계: 경쟁자와 보완자를 지도에 표시하라.

차원을 이용하여 자료를 시각화하라.

💬 오른쪽 맵에 경쟁자와 보완자를 구분하여 내용을 표기해보세요.

4단계: 지도를 검토하고 반영한 뒤 통찰을 찾아라.

팀을 이루어 지도에 관해 토의하라. 경쟁자와는 어떤 관계인가? 지금의 환경이 현재 발생하는 것들을 어떻게 규정하고 특징 짓는가?

WORK SHEET

아래와 같이 경쟁자와 보완자를 구분하여 정리해보세요.

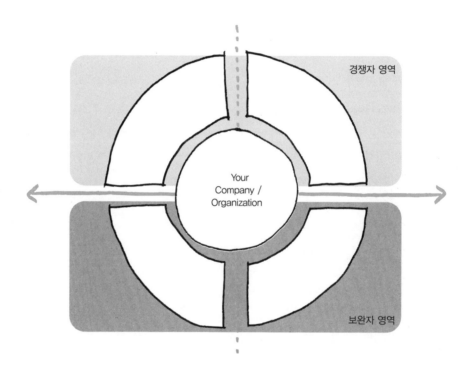

경쟁자 영역

Your
Company /
Organization

보완자 영역

[경쟁자-보완자 지도]

TIPS

1. 모든 주체와 존재를 구분하여 정리해보세요.

2. 본 회사/조직과 시너지를 낼 수 있는 주체와 이유를 토의하세요.

3. 초기에 이 지도를 임원/상사와 논의하세요.

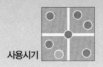
업계 혁신에 관한 다차원적 평가 실시하기

WHAT IT DOES

업계 진단은 프레임워크를 이용하여 업계의 핵심 측면을 찾아내고 현재의 상황을 분석하는 것이다. 5가지 힘은 잠재적 시장 진입자의 위협, 대체재나 서비스가 주는 위협, 고객/소비자의 교섭력, 공급자의 교섭력, 경쟁자 간의 경쟁 강도 등으로 구성된다.

HOW IT WORKS

1단계: 업계 관련 정보를 모아라.

5가지 힘, 즉 잠재적 진입자, 대체재, 소비자, 공급자, 경쟁자 모두의 영향을 평가할 수 있도록 준비하라.

● 오른쪽과 같은 맵을 만들고 이와 관련된 정보를 멤버와 같이 모으세요.

2단계: 5가지 힘이 업계에 미치는 영향을 평가하라.

잠재적 진입자, 대체재, 고객/소비자, 공급자, 경쟁자가 시장에 미치는 영향력과 움직임을 평가하고 정리하라.

● 자세한 방법론은 본서 2.10을 확인하세요.

3단계: 조직의 대응 메커니즘을 찾아라.

메커니즘은 5가지 힘에 대응하는 조직 활동이다.

4단계: 조사 결과에 대해 토의하고 통찰을 찾아라.

이전 단계에서 나온 조사 결과들을 전부 프레젠테이션 형태로 종합하고, 팀을 이루어 토의하라.

● 고객에 대한 분류를 통하여 목표 고객을 정확히 설정하고 이를 설명하세요.

마이클 포터 교수의 '5가지 힘'에 맞추어 해당 조직/회사 내외부의 주체들을 규명해보세요.

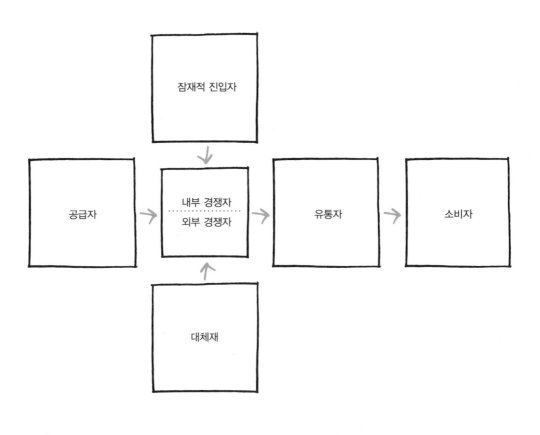

[5가지 힘 지도]

TIPS

1. 산업 전체를 파악할 수 있도록 큰 용지에 작성하세요.

2. 그림을 그리면서 발견된 통찰을 표시하세요.

3. 프로젝트 초기에 임원 및 리더와 이 지도에 관하여 상의하세요.

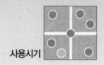

조직의 강점, 약점, 기회, 위협 분석하기

WHAT IT DOES

수십 년간 널리 사용되어온 SWOT 분석은 기업의 강점, 약점, 기회, 위협을 평가할 때 사용된다. 분석은 조직과 조직의 혁신에 대한 평가로 시작되고, 조직이 시장 내 경쟁자에 비해 어떤 성과를 올렸는지 이해하고자 한다.

HOW IT WORKS

1단계: 초기 혁신 목적을 적어라.

혁신을 통해 이루고자 하는 기본 목표를 서술하고, 그 방향을 추구하게 된 이유를 명확히 하라. 목표를 이룸으로써 생길 혜택을 생각하라.

2단계: 조직의 강점, 약점, 기회, 위협을 평가하라.

조직의 강점, 약점, 기회, 위협요인을 객관적으로 분석하고 토의하여 정리하라.

● 자세한 방법론은 본서 2.11을 확인하세요.

3단계: 결과를 4분면 다이어그램에 정렬하라.

결과를 각 사분면에 나열할 수 있도록 간결한 문장으로 요약하라. 각 항별로 7~8 문장 이하로 하라.

● SWOT 맵을 그려 작성하세요.

4단계: 다이어그램을 검토, 토의하고 분석하라.

핵심 팀원들과 함께 결과를 분석하라.

● 이 내용 중 의미 있는 내용을 표기하고 간단한 보고서를 작성한 후 관계자들과 상의하는 것도 도움이 됩니다.

WORK SHEET

아래와 같이 가로축에 강점과 약점을, 세로축에 기회와 위협 요인을 적고 이를 토대로 분석하세요.

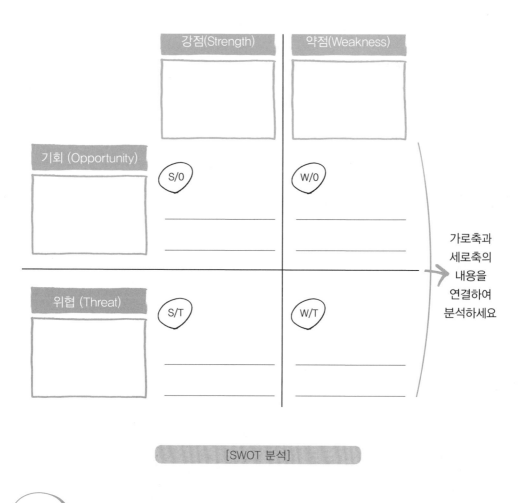

[SWOT 분석]

TIPS

1. 내용을 너무 정리하지 말고 사소한 것도 포함하여 분석하세요.

2. 각각의 영역을 연결하여 분석하고 필요시 전략 수립도 가능합니다.

3. 의미 있는 내용을 주위 관계자와 수시로 소통하세요.

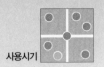

주제 전문가와의 인터뷰를 통해 가장 진보적이며 잠재력이 높은 발전 사항 이해하기

WHAT IT DOES

주제 전문가 인터뷰는 관심 분야의 빠른 이해를 돕는다. 해당 분야 전문가들과 이야기를 나누면 그 분야를 가장 빠르고 제대로 이해할 수 있고, 해당 분야의 발전 동향에 대한 정보도 쉽게 얻을 수 있으며, 어디서 추가 정보를 찾을지 파악하는 데도 도움이 된다. 전문가와의 대화에서 많은 것을 얻으려면 프레임워크를 사용하는 것이 좋다.

HOW IT WORKS

1단계: 주제를 선정하라.

찾고자 하는 정보 유형을 선정해야 적절한 전문가를 찾을 수 있다.

2단계: 전문가를 찾아라.

인터넷 검색, 동료와의 대화, 문헌 조사 등의 방법을 조합하여 정해진 주제의 전문가 목록을 작성하라.

3단계: 준비하라.

전문가의 관점에 익숙해지기 위해서는 그들이 쓴 글이나 책을 읽어야 한다. 인터뷰를 통해 얻고자 하는 답에 가장 적절한 질문을 미리 준비하라.

4단계: 인터뷰를 실시하라.

인터뷰는 누군가의 한정된 시간을 최대한 활용하고, 미래에 사용 가능한 자원 네트워크를

형성하기 위한 것이다.

● 인터뷰 진행 시 오른쪽 메모지와 같은 양식을 활용하여 기록하세요. 인터뷰 진행 후 반드시 디브리핑(소감 공유)을 진행하세요.

5단계: 듣고 기록하고 덧붙여라.

인터뷰에는 적극적인 경청이 필요하다.

● 인터뷰 진행 시 반드시 녹음을 하고, 필요한 경우 사진도 찍어두세요.

6단계: 글로 기록하고 요약하라.

녹음한 대화를 핵심 구절이나 흥미로운 통찰이 드러날 수 있도록 옮겨 적고, 요약문을 작성하여 팀과 공유하라.

━━━━━━━ **WORK SHEET** ━━━━━━━

아래와 같이 주제 관련 전문가를 인터뷰하고 내용을 적어보세요.

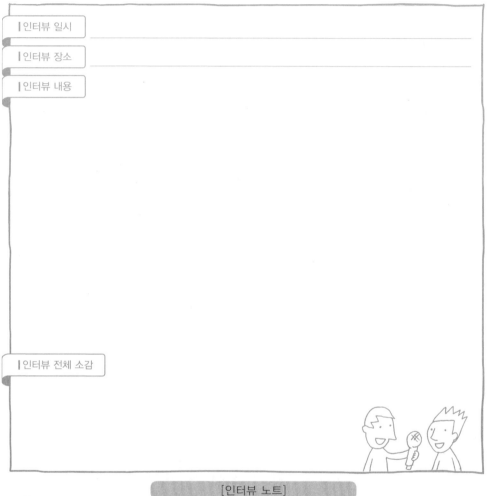

| 인터뷰 일시

| 인터뷰 장소

| 인터뷰 내용

| 인터뷰 전체 소감

[인터뷰 노트]

TIPS

1. 유도 질문은 금물! 반드시 개방형으로 질문하세요.

2. 인터뷰 대상자의 지식과 경험을 많이 듣는 방향으로 진행하세요.

3. 내용을 요약하여 적기보다는 있는 그대로를 적으려고 노력하세요.(나의 해석 NO! 있는 그대로!)

이익집단과의 토론을 통해 주제와 관련된 최근 동향 파악하기

WHAT IT DOES

이익집단은 주로 특정 주제에 관한 공통된 관심사를 토대로 형성된다. 이익집단과 토론하면 쉽게 포착 가능하고 팀원들과 공유할 수 있는 주제, 관점, 뉴스 아이템, 다가올 변화, 극단적인 사용자들의 행동, 기타 콘텐츠 등에 관해 배울 것이 많다.

HOW IT WORKS

1단계: 이익집단 포럼을 찾아라.

온라인 검색, 전문 협회 웹사이트 방문, 소셜 네트워크 관찰을 통해 주제와 관련된 이익집단을 찾아라.

2단계: 이익 포럼에서 무엇이 논의되는지 조사하라.

이익 포럼의 디렉토리를 조사하여 다루어지고 있는 주제를 파악하라.

3단계: 참여하라.

온라인 포럼에 참가한다면, 최근 게시물을 잘 검토하여 사람들이 무엇에 관심을 갖고 토론하는지 파악하라.

4단계: 찾아낸 것을 담아내라.

포럼들에서 토론되는 것을 포착해서 짧은 문장으로 적어라.

5단계: 검토하고 요약하라.

결과를 검토하여 더 큰 주제를 파악하거나 패턴을 찾아라.

6단계: 공유하고 토의하라.

결과에 대한 의견을 얻기 위해 요약문을 이해관계자나 주제 전문가들과 공유하라.

WORK **SHEET**

아래와 같이 이익집단 토론을 준비하고 내용을 정리하세요.

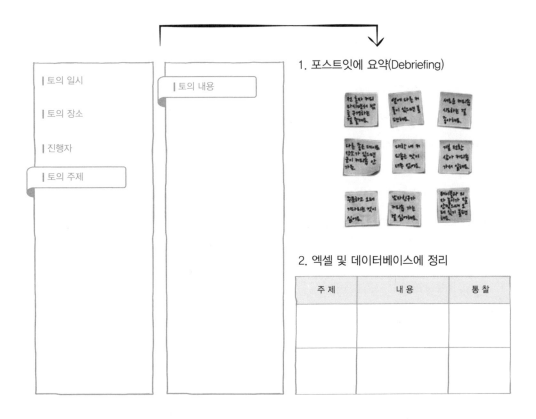

| 토의 일시 |

| 토의 장소 |

| 진행자 |

| 토의 주제 |

| 토의 내용 |

1. 포스트잇에 요약(Debriefing)

2. 엑셀 및 데이터베이스에 정리

주 제	내 용	통 찰

[이익집단 토론 노트]

TIPS

1. 다양한 이해관계자를 한곳에 모으세요.

2. 한 사람의 의견보다는 모든 사람의 의견을 들을 수 있도록 노력하세요.

3. 참가자가 이야기한 내용을 모두 기록하세요.

프로젝트의 주제와 관련된 사람들을 지도에 나타내고, 조사 대상 선정하기

WHAT IT DOES

조사 참가자 지도는 프로젝트 목적에 부합하는 올바른 사람들을 연구에 동원하기 위한 것으로, 프로젝트 주제와 관련된 모든 사람을 역할과 활동에 기반하여 파악할 수 있다. 우선 중요한 속성을 최소한 두 가지 이상 선정하고, 이 두 가지 속성에 따라 간단한 4분면 지도를 그린 다음, 여기에 다양한 사람들을 배치한다.

HOW IT WORKS

1단계: 대상 참가자를 찾아라.

명확하게 규정된 혁신 주제(목적 탐지하기 모드에서 만들어진)를 파악하기 위한 조사 연구에 어떤 유형의 사람들을 포함할지 브레인스토밍을 실시하고, 체계화되지 않은 광범위한 목록을 만들어라.

2단계: 지도를 만들어 프로젝트 주제를 정의하라.

혁신 목적에 기반하여 프로젝트 주제에 큰 영향을 주는 한 가지 이상의 요소를 찾고, 이를 4분면 지도의 축으로 변환하여 지도를 작성한 후, 조사 참가자 공간을 규정하라.

3단계: 4분면 지도에 참가자들을 표시하라.

1단계에서 얻은 인물 목록을 그룹 단위로 지도에 표시하라.

4단계: 그려진 지도를 분석하라.

이상적인 참가자 범위에 가장 가까운 사람들을 지도에서 확인하라.

5단계: 결과를 공유하고 토론하라.

간단한 요약문을 만들어서 팀원과 공유하라.

아래와 같이 조사 참가자 지도를 작성하고, 프로젝트의 목적에 가장 잘 맞는 대상자를 선정하세요.

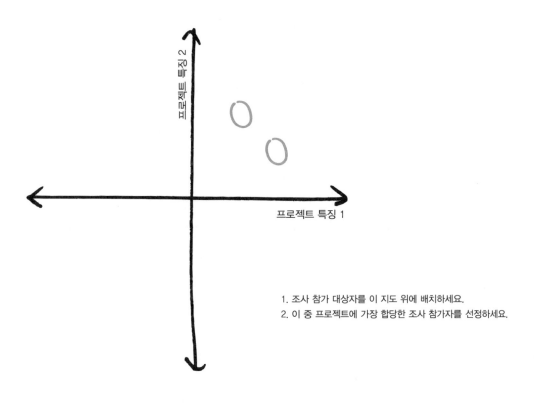

프로젝트 특징 2

프로젝트 특징 1

1. 조사 참가 대상자를 이 지도 위에 배치하세요.
2. 이 중 프로젝트에 가장 합당한 조사 참가자를 선정하세요.

[조사 참가자 지도]

TIPS

1. 조사 참가자는 얼리어답터early adopter나 헤비 유저heavy user를 중심으로 살펴보세요.
2. 지인 관계를 통하면 조사를 좀 더 효과적으로 할 수 있습니다.
3. 조사를 진행하면서 부족한 부분을 보충하세요.

조사 대상자 유형과 조사 시기, 조사 방법에 관한 구체적인 계획 세우기

WHAT IT DOES

사용자 조사 계획은 프로젝트 조사를 조직화하는 방법으로, 실행해야 할 일의 모든 측면을 결정하기 위해 규율화한 접근 방식이다. 이 방법은 조사 대상의 유형, 적정 인원수, 알고자 하는 것, 참가자와의 소통 프로토콜, 결과물, 작업 세션, 일정, 예산 등을 포함하는 조사의 공인된 목적을 제시한다.

HOW IT WORKS

1단계: 연구 대상의 유형을 정하라.

진행 프로젝트의 특성에 따라 핵심 사용자, 극단적 사용자, 전문가, 미사용자, 또는 다른 여러 유형의 사용자처럼 각 유형별 연구 대상에 집중하라. 조사 대상에 다수의 중심 사용자 외에 극단적 사용자와 미사용자를 포함하라.

2단계: 선별 기준에 따라 참가자를 선정하라.

조사 참가자의 선별 기준을 명시하라.

3단계: 조사 방법을 결정하라.

사용 가능한 시간과 자원에 기반하여 목적에 부합하는 조사 방법을 결정하라.

4단계: 예산안을 수립하라.

계획에 기초하여 다양한 활동을 수행하는 데 필요한 비용을 결정하라.

5단계: 일정표를 만들고 활동을 표시하라.

다양한 활동을 나열하고, 과제 해결에 소요될 예상 시간을 추정하며, 명시한 목표에 맞는 일을 열거하는 데 유용하다.

● 조사 대상자와 방법이 결정되면 오른쪽 표와 같이 정리하고 팀원들과 공유하세요.

6단계: 계획을 공유하고 추후 활동을 논의하라.

조사 계획을 팀과 고객, 연구 외주 계약자 등과 공유하고 다음 단계에 관해 논의하라.

아래와 같이 조사 계획을 일정에 맞게 세부적으로 작성하세요.

주요 Task	Week 1	Week 2	Week 3	Week 4	Week 5	Week 6	Week N
조사대상자 1 (조사 방법)	←———→ (비디오 문화인류)						
조사대상자 2 (조사 방법)		←——(	)——→				
조사대상자 3 (조사 방법)		←——(	)——→				
조사대상자 4 (조사 방법)			←——(	)——→			
조사대상자 5 (조사 방법)				←——(	)——→		

[사용자 조사 계획서]

TIPS

1. 모든 계획을 한 번에 세울 수 없으니 차근차근 계획을 세우시면 됩니다.

2. 여러 조사 방법을 다양화하세요.

3. 인터뷰 진행자, 녹음/녹화 담당자, 기록 담당자로 역할을 나누어보세요.

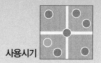
전체적인 사용자 경험을 만드는 신체적, 인지적, 사회적, 감정적, 문화적 요인 연구하기

What It Does

5가지 인간 요소는 현장에서 관찰을 지원하는 방법으로, 연구자는 신체적, 인지적, 사회적, 문화적, 감정적 요소를 확인하여 이것들이 사람들의 전반적인 경험에 어떤 영향을 주는지 이해하게 된다. 한 사람의 5가지 요소를 구조화된 방식으로 파악하고, 이 모든 요소를 종합적으로 고려함으로써 그 사람의 경험을 깊고 풍부하게 이해할 수 있다.

How It Works

1단계: 현장에 나갈 준비를 하라.

5가지 인간 요소에 따라 관찰 내용을 기록하고 정리할 수 있는 메모 양식을 만들어라.

2단계: 현장에 나가라.

사람들의 대화를 관찰하거나 그 대화에 동참하라.

3단계: 5가지 인간 요소의 관점에서 관찰하라.

신체적, 인지적, 사회적, 감정적, 문화적 요소별 관점을 확실히 익힌 후 진행하라. 각 요서별 관점은 아래와 같다.

신체적: 사람들은 사물 혹은 다른 사람들과 어떤 방식으로 신체적 상호작용을 하는가?

인지적: 사람들은 상호작용하는 것에 관해 어떤 방식으로 의미부여를 하고 인지하는가?

사회적: 사람들은 팀 혹은 사회적 환경 안에서 어떻게 행동하는가?

감정적: 사람들은 각자의 감정과 생각을 어떻게 경험하는가?

문화적: 사람들은 문화적으로 어떻게 받아들이고 행동하는가?

4단계: 사람들의 전반적인 경험을 기록하라.

5가지 요소 각각에 대한 관찰 결과와 문제를 찾아라. 수준 높은 관찰을 통해 얻은 사람들의 경험을 기록하고, 토의한 후, 이를 문서로 남겨라.

● 오른쪽 표와 같이 관찰 결과를 메모하세요.

WORK SHEET

아래와 같이 사람들과 대화를 진행하고 5가지 인간 요소의 측면에서 내용을 정리하세요.

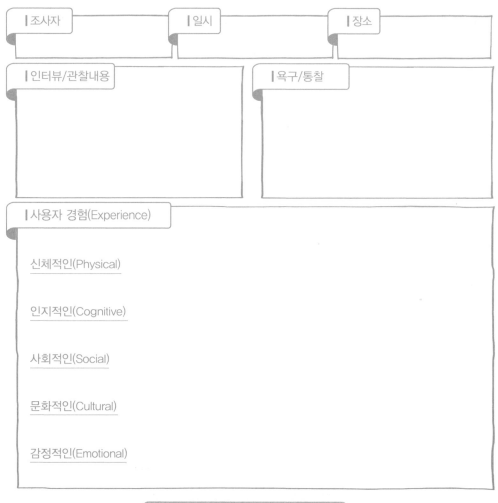

| 조사자 | 일시 | 장소 |

| 인터뷰/관찰내용 | 욕구/통찰 |

ㅣ사용자 경험(Experience)

신체적인(Physical)

인지적인(Cognitive)

사회적인(Social)

문화적인(Cultural)

감정적인(Emotional)

[5가지 인간 요소 노트]

TIPS
1. 5가지 인간 요소의 각 측면을 골고루 보려고 노력하세요.
2. 아이디어보다는 사용자의 경험에 초점을 맞추세요.
3. 작은 의견도 수용하려고 노력하세요.

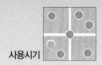
맥락 안에서 사람, 사물, 환경, 메시지, 서비스 연구하기

WHAT IT DOES

POEMS 프레임워크는 맥락 내에 존재하는 요소들을 감지하기 위해 사용되는 관찰 연구 형식으로, 사람(People), 사물(Objects), 환경(Environments), 메시지(Messages), 서비스(Services)로 구성된다. POEMS 프레임워크를 적용하면 각 요소를 독립적으로뿐 아니라 연관된 시스템으로 조사할 수 있다.

HOW IT WORKS

1단계: 현장에 나갈 준비를 하라.

POEMS 프레임워크에 따라 관찰 내용을 기록하고 정리할 수 있는 메모 양식을 만들어라.

2단계: 현장에 나가라.

사람들의 대화를 관찰하거나 그 대화에 동참하라. 사람들이 하는 활동, 사용하는 물건, 현재 상태, 서로 나누는 정보, 기타 유사한 측면 등을 잘 살피고 그것에 관해 질문하라. 관찰한 것이나 사람들의 답변 내용을 노트에 기록하라.

3단계: POEMS를 통해 맥락을 이해하라.

사람, 사물, 환경, 메시지, 서비스 관점을 확실히 익힌 후 진행하라.

💬 자세한 방법론은 본서 3.5를 확인해주세요.

4단계: 전반적인 관찰 내용을 기록하라.

관찰을 통해 만든 POEMS와 인터뷰를 통해 이해한 전반적 맥락을 적어라. 모든 기록을 모으고, 팀원과 관찰 내용을 공유하고 토론하라.

💬 관련 통찰을 표기하고 기록하여 나중에 솔루션을 도출할 때 기준점으로 사용하세요.

WORK SHEET

아래와 같이 사진을 첨부(선택)하고, 항목에 따라 내용을 기입해보세요.

사진					
POEMS	사람 (People)	사물 (Objects)	환경 (Environments)	메시지 (Messages)	서비스 (Services)
사용자 경험 요약					

[사진: 이노펙토리 제공]

[POEMS 결과 정리표]

TIPS

1. 보이는 것 외에 보이지 않는 어려움도 찾으려 노력하세요.

2. 관찰할 때 사진을 많이 찍으세요.

3. 사람 위주로 보면 많은 것을 얻을 수 있습니다.

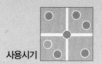

조사자가 탐구 대상인 사람과 장소, 사물 등에 직접 접촉하기

WHAT IT DOES

현장 방문은 사람들과 공감대를 형성하는 가장 직접적인 방법이다. 현장 방문은 관찰과 관찰 결과에 관한 성찰이 중요하다. 이 방법은 사람들과 편견 없이 가까워질 수 있는 좋은 방법이고, 종종 새롭고 놀라운 습성이나 충족되지 않은 욕구 등에 관한 새로운 통찰을 제공하기도 한다.

HOW IT WORKS

1단계: 현장 프로토콜을 계획하라.

현장 프로토콜은 어디를 방문할 것인지, 누구를 관찰하고 접촉할 것인지, 얼마나 오래 있을 것인지, 무엇을 탐구할 것인지, 팀이 어떤 활동을 할 것인지에 관한 세부적인 계획이다.

2단계: 자원을 모아라.

현장 방문 키트를 준비하여 노트, 사진기, 스케치북, 녹음기, 가방, 현장에서 수집할 탐구물을 넣을 보관함 등을 박스에 담아라. 허가증이나 이용허락서처럼 미리 받아야 하는 서류도 챙겨라.

3단계: 현장으로 나가라.

현장에 도착하면 그곳 사람들과 관계를 맺고 신뢰를 형성해야 한다.

4단계: 관찰 결과를 담아라.

모든 자료를 정리하여 보관하라.

💬 현장 방문 시 역할 분담을 정확히 하면 좋고, 관찰 시에는 사람, 물건, 장소 등도 역할을 나누어 살펴보면 훨씬 도움이 됩니다.

5단계: 팀 전체에 보고하라.

현장 방문 이후 가능한 한 빨리 모든 기록을 비교하고 무엇을 배웠는지, 무엇이 중요한지, 어떤 추가 조사가 필요한지, 이를 어떻게 수행할지에 관해 토의하라.

WORK SHEET

실제 현장을 방문할 경우 사람, 사물, 장소로 나누어 살펴보고 사진, 동영상, 메모를 적어두세요.

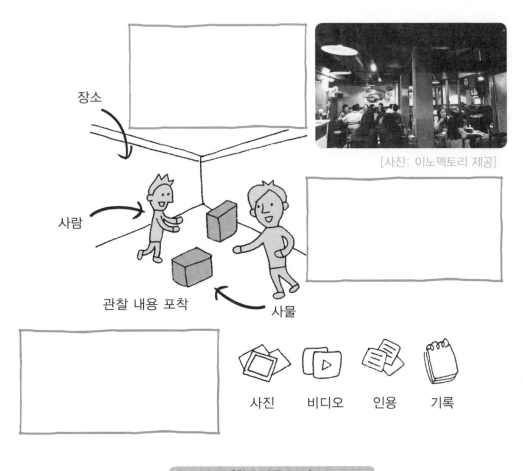

장소

[사진: 이노펙토리 제공]

사람

관찰 내용 포착

사물

사진   비디오   인용   기록

[현장 방문 노트]

TIPS

1. 사용자 입장에서의 어려움pain points, 장애 요소hurdle, 대처 방안work-around을 발견하세요.
2. 보이지 않는 활동과의 상호작용도 살펴보세요.
3. 관찰 후 상대방의 의견을 경청해보세요.

통찰의 확인을 위해 맥락 안에서 사람과 그들의 행동을 비디오로 녹화하기

WHAT IT DOES

비디오 문화인류학은 영상인류학(visual anthropology) 분야에서 차용된 방법이다. 행동 패턴과 통찰을 확인하기 위해, 분석 가능한 비디오를 이용하여 상황 안에서 일어나는 사람들의 활동과 사건을 포착하는 것이 이 방법의 목적이다.

HOW IT WORKS

1단계: 무엇을 촬영할 것인지 결정하라.

프로젝트에 따라 카메라를 보고 말하는 인터뷰, 활동 기록, 시간 경과 등에 따른 환경과 행동 수준의 변화 기록, 기타 등을 선택할 수 있다.

2단계: 누가 촬영할 것인지 결정하라.

프로젝트에 따라 조사자가 사용자를 촬영할지, 참가자가 스스로 녹화할지, 아니면 이들을 조합하여 사용할지를 결정하라.

3단계: 필요한 허가를 얻어라.

촬영 또는 참여자 스스로 녹화하는 데 필요한 허가 및 계약서를 준비하라.

4단계: 촬영을 시작하라.

조사자와 참가자가 사용하기 편한 카메라를 제공하라.

5단계: 녹화물을 수거하여 분석하라.

참가자들과 함께 녹화물을 검토하고, 검토하는 중 참가자들이 보였던 반응을 포착하라.

● 조사에 참여하지 않았던 멤버들에게 이 녹화물을 공유하고 통찰을 도출하세요.

WORK SHEET

아래와 같이 인터뷰 녹화 내용을 정리하고, 이 사실을 바탕으로 통찰을 발견하세요.

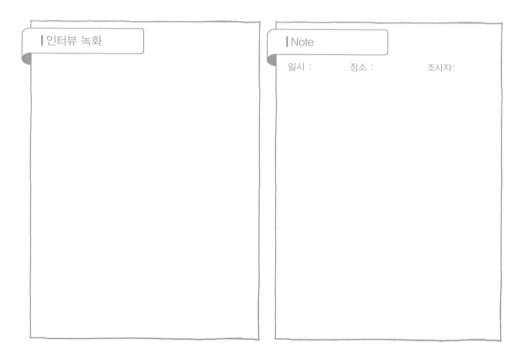

| 인터뷰 녹화

| Note

일시 :   장소 :   조사자:

[비디오 문화인류학 노트]

TIPS

1. 녹화할 경우 조사 대상자가 의식하지 않도록 카메라를 배치하세요.

2. 녹화 중간중간에 녹화가 잘되고 있는지 확인하세요.

3. 인터뷰를 마치고 나갈 때까지 녹화를 중단하지 마세요.

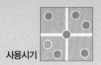

사용시기

일상생활과 맥락에 관해 사람들과 대화하기

WHAT IT DOES

현장 방문 관찰 조사와 매우 유사한 방법인 문화인류학적 인터뷰는 사용자 자신의 장소에서 사용자의 관점으로 사용자의 행동과 경험을 이해하는 것이다. 조사자는 이 개방형 탐사 방식을 통해 참가자 자신의 말로 그들의 이야기를 들음으로써, 미리 정해진 질문을 하는 인터뷰에 비해 편향 오류를 줄인 상태에서 사람들을 이해할 수 있다.

HOW IT WORKS

1단계: 인터뷰 프로토콜을 계획하라.

인터뷰 프로토콜은 누구를 방문할지, 누구와 대화를 나눌지, 얼마나 오래 있을지, 참가자에게 어떤 질문을 할지, 그리고 조사자는 어떤 역할을 할지 등에 관한 구체적인 계획이다.

2단계: 자원을 모아라.

공책, 사진기, 스케치북, 녹음기 등을 담은 인터뷰 키트를 준비하라.

3단계: 방문하라.

현장에 도착하면 그곳 사람들과 관계를 맺고 신뢰를 형성해야 한다.

4단계: 대화를 포착하라.

팀원 일부는 기록 전담자가 되어 대화를 기록하고, 그림을 그리고, 사진을 찍거나 짤막한 비디오를 녹화하고, 대화를 녹음하는 등 가능한 한 많은 기록을 해야 한다.

💬 질문은 10%, 경청은 90% 정도가 좋습니다. 대화는 가급적 한 사람이 진행할 수 있도록 하세요. 유도 질문보다는 인터뷰이의 경험과 이야기를 많이 들으세요.

5단계: 팀 전체에 보고하라.

인터뷰 이후 가능한 한 빨리 기록을 비교하고, 무엇을 배웠는지, 무엇이 중요한지, 어떤 점이 누락되었고 어떤 형식의 추가 조사가 필요한지, 이를 어떻게 수행할지에 관해 토의하라.

WORK SHEET

아래와 같이 문화인류학적 인터뷰를 진행하고 노트를 작성하세요.

┃인터뷰 배경설명

┃관찰 결과 적기

┃인터뷰 진행과 Note-taking

┃인터뷰 마무리 및 인사

[사진: 이노펙토리 제공]

[문화인류학적 심층 인터뷰 노트]

TIPS

1. 사용자의 공간(집,사무실 관련 장소)을 방문하여 인터뷰를 진행하세요.

2. 인터뷰를 조사자 중심이 아닌 사용자 중심으로 진행하고 경청하세요.

3. 인터뷰하는 내용을 모두 메모, 녹화, 녹음, 사진으로 기록하세요.

· 참가자의 행동을 찍은 사진에 관해 참가자와 대화하기

WHAT IT DOES

참가자 자신이 찍은 사진에 대해 구체적으로 이야기할 것을 유도하고, 개방형 질문을 통해 다양한 정보를 얻을 수 있다. 인터뷰에서 나오는 말 중에서 사용자 경험이나 충족되지 못한 욕구에 관한 귀중한 정보와 잠재적 통찰들을 얻을 수 있다.

HOW IT WORKS

1단계: 조사 프로토콜을 만들어라.

누가, 언제, 어디서, 얼마나 많은 사진을 찍어야 하는지 결정하고, 참가자를 지도하는 데 필요한 POEMS 같은 프레임워크를 준비하라.

2단계: 자원을 모아라.

다이어리 템플릿과 지시표를 만들어라.

3단계: 참가자에게 설명하라.

사진은 반드시 즉석에서 자유롭게 찍으라고 설명하라. 예술적인 고려는 필요 없다.

4단계: 중간에 피드백을 제공하라.

원칙적으로 참가자가 초기 사진들을 공유하면 신속하게 확인하고 참가자들에게 피드백을 하라.

5단계: 참가자를 인터뷰하라.

이상적으로는 사진이 촬영된 장소에서 참가자가 다이어리를 보여주게 만드는 것이 좋다.

6단계: 팀 전체에 보고하라.

인터뷰를 마치면 바로 무엇을 배웠는지 팀에 보고하라.

WORK SHEET

아래와 같이 사용자의 사진을 활용하여 인터뷰를 진행하고 내용을 요약하세요.

참가자들에게
사진을 찍어달라고 요청하라

프로토콜을 만들어라

1. 사진을 테이블 위에 놓으세요.
2. 사용자 입장에서 강한 경험을 찾으세요.
3. 사용자 입장에서 어려운 점pain points을 찾으세요.

참가자들을 인터뷰하라

[사진: 이노펙토리 제공]

[사용자 사진 인터뷰 활동]

TIPS

1. 인터뷰 대상자와 격의 없는 대화를 나누세요.
2. 참가자의 이야기에 호응하고, 공감의 표현(고갯짓, 눈맞춤 등)을 하세요.
3. 작은 이야기라도 놓치지 말고 기록하세요.

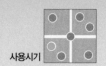
사회문화적 그룹과 문화적으로 연관된 탐구물을 이용하여 사람들의 인식 발견하기

WHAT IT DOES

문화적 탐구물 방법은 현실의 사물처럼 형태가 있는 것이든, 그룹이 가진 특별한 믿음처럼 형태가 없는 것이든, 그 문화적 요소를 준비한 탐구물에 부여하여 조사하는 방법이다. 이는 다른 전통적인 조사 방법에서는 간과될 수 있는 사람들의 생각을 발견하는 데 유용하다.

HOW IT WORKS

1단계: 문화적 탐구물과 과제로 구성된 키트를 만들어라.

프로젝트에 속한 그룹 사람들의 문화적 뉘앙스를 고려하여 일회용 카메라, 생각 정리를 위한 다이어리, 녹음기, 비디오 카메라, 문화적 탐구물 등을 포함하는 조사용 키트를 만들어라.

2단계: 참가자에게 설명하라.

키트 안에 포함되어 있는 탐구물과 과제에 관해 참가자에게 설명하라.

3단계: 참가자에게 충분한 시간을 주고 응답하게 하라.

참가자에게 응답하기에 충분한 시간을 허용하라.

4단계: 키트를 수거하고 정보를 분석하라.

인편 또는 패키지 안에 포함한 선불 우편요금 등으로 키트를 수거하라. 키트가 수거되면 정보를 분석하고, 참가자 인터뷰를 준비하라.

5단계: 참가자들을 인터뷰하라.

참가자와 함께 준구조화된 인터뷰를 수행하여 참가자의 대답을 검토하고 더 깊이 들어가라.

6단계: 영감을 표현하라.

참가자의 영감을 통찰로 표현하면 디자인 팀이 페르소나와 시나리오를 생성하는 데 도움이 된다.

mode 3

WORK SHEET

아래와 같이 문화적 탐구물을 활용하여 인터뷰를 진행하고 내용을 기록하세요.

| 인터뷰 일시

| 인터뷰 장소

| 인터뷰 내용

| 인터뷰 전체 소감

[문화적 탐구물 조사 노트]

TIPS

1. 프로젝트와 관련하여 디자인한 탐구물을 참가자에게 전달하세요.

2. 참가자가 반응할 수 있는 시간을 주고, 적절한 시기에 수거하여 분석하세요.

3. 참가자가 편하게 이야기할 수 있는 분위기를 형성하세요.

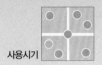
주제에 관한 사람들의 생각과 태도를 알기 위해 상징적 이미지 분류하기

WHAT IT DOES

이미지 분류는 특정 주제에 관한 사람들의 연상과 인식을 파악하기 위해 사용하는 방법이다. 이 방법은 준비된 카드를 참가자들이 분류하고 토론하고 이야기하는 행동에 집중함으로써, 상황 안에서 사람들이 다른 사람, 장소, 물건과 연결하는 감정, 관계, 가치를 밝혀내는 강력한 방법이다.

HOW IT WORKS

1단계: 어떤 주제를 탐험할지 결정하라.

프로젝트 목적에 기반하여, 사람들의 어떤 태도를 탐구하는 것이 주제에 관해 사람들의 생각 방식을 이해하는 데 도움이 되는지 결정하라.

2단계: 이미지 분류의 방법을 선택하라.

어떤 것을 탐구하고자 하는지에 따라 적절한 분류 방법을 선택하라. 특정한 기준에 따라 이미지들을 구하려면 그룹별로 나눠야 한다.

3단계: 이미지를 선택하라.

행동 분류에 필요한 이미지를 찾아라.

4단계: 참가자를 초대하라.

무엇을 할 것인지, 왜 그것을 하는지 설명하라. 활동 수행 장소와 시간, 소요 시간을 밝혀라.

5단계: 이미지 분류 연습을 실시하라.

시작할 때마다 참가자에게 지침을 제공하라. 혼자 또는 단체로 활동할 시간을 주어라.

6단계: 대화에 참여하라.

참가자들에게 이미지 분류 이유를 설명하게 하라.

7단계: 사진과 반응을 기록하라.

분류된 이미지를 찍은 사진과 참가자의 반응을 기록하여 검토하고 분석할 수 있게 만들어라.

WORK SHEET

아래와 같이 이미지 분류를 진행하고 인터뷰를 진행하고 그 내용을 기록하세요.

전체 이미지를 사용자 경험에 맞게 분류하세요	왜 그렇게 생각하는지를 심층적으로 질문하고 메모하세요
	전체적인 소감을 적으세요

[이미지 분류와 인터뷰 노트]

TIPS

1. 참가자가 이미지를 분류하는 동안에는 개입하지 말고 자유롭게 하도록 하세요.

2. 작은 분류라도 의미 있게 보려고 노력하세요.

3. 인터뷰 후 모든 내용을 메모하세요.

중요한 내용을 이해하기 위해 경험 시뮬레이션에 참여시키기

WHAT IT DOES

경험 시뮬레이션은 수어진 상황에서 사람들이 어떻게 행농하고 상호작용하는지를 이해하는 데 필요한 조사 방법으로, 새로운 서비스와 환경, 상호작용과 같은 경험적 산물 연구에 유용하다. 사용자가 가장 중요하게 생각하는 것이 무엇인지 경험할 수 있다.

HOW IT WORKS

1단계: 조사 질문을 정하라.

참가자의 어떤 행동 혹은 활동에 관심이 있는지를 먼저 결정해야 한다.

2단계: 시뮬레이션을 위한 구체적 경험을 선택하라.

어떤 경험의 측면이 필요하며, 무엇을 시뮬레이션할 것인지 결정하라.

3단계: 시뮬레이션을 디자인하라.

환경을 조성하고, 물건을 설치하고, 메시지와 서비스를 개발하고, 시뮬레이션 대상자를 찾고, 참가자들을 모집하라.

4단계: 시뮬레이션을 운영하라.

시뮬레이션은 장소와 시간 혹은 기간에 상관없이 진행할 수 있다.

5단계: 행동과 통찰을 포착하라.

기록된 모든 자료(노트, 비디오, 오디오, 사진)를 통해 바로잡을 수 있는 시뮬레이션 혹은 프로세스의 공백, 흠 등을 발견하라. 통찰을 기록하라.

WORK SHEET

아래와 같이 경험 시뮬레이션을 진행하고 사람들의 불편한 점과 핵심적 사실을 기록하세요.

1 필요한
경험을
정의하세요

2 정의한
경험을 위해
준비하세요

사람 :

장소 :

환경 :

3 사람들의
경험에 불편한
요소를 찾으세요

불편 요소를 기록하세요

사용자의 불편함과 경험을
요약하여 적으세요

4 관찰요소를
기록하고
공유하세요

관찰결과를 기록하세요

관찰결과를 요약하여 적으
세요

[경험 시뮬레이션 절차와 관찰 노트]

TIPS

1. 참가자들의 다양한 이야기를 들으세요.

2. 사용자 경험에 맞추어 관찰하세요.

3. 사진과 동영상, 메모를 꼭 기록하세요.

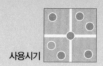

사람들을 맥락과 관련된 활동에 몰입하게 하고, 관찰하고, 인터뷰하기

What It Does

현장 활동은 참가자를 실제 상황에 직접 개입하게 만들고 그들이 보이는 반응을 이해하기 위해 디자인된 방법이다. 이 방법은 목표 이용자들을 현장에 데려가서, 특정 상황에 필요한 선택적 활동에 참여시키고서 그 행동을 관찰한다. 경험에 관한 진술 수집을 위해 참가자들을 대상으로 후속 인터뷰를 진행한다.

How It Works

1단계: 연구 대상 사용자 행동을 정하라.

혁신 목적에 기반하여 실제 상황에서 연구하고자 하는 특정한 사용자 행동을 정의하라.

2단계: 참가자를 결정하라.

현장에 데려갈 사용자를 선택하고 초대하라.

3단계: 참가자를 위한 조사 활동을 결정하라.

참가자들을 현장에 투입하기 위한 사전 준비를 하라.

4단계: 참가자를 현장에 데려가라.

참가자에게 오리엔테이션 문서를 제공하여 현장에서 발생할 수 있는 것에 관해 설명하라.

5단계: 현장 활동에 들어간 사용자들을 관찰하라.

사진 혹은 현장 일지 등 어떤 방식으로 관찰 결과를 포착할지 결정하라.

6단계: 참가자 인터뷰를 실시하라.

현장 활동이 끝난 후, 참가자들의 반응과 의견, 관점을 파악하기 위해 참가자들과 대화하라.

7단계: 결과를 요약하고 토론하라.

관찰과 인터뷰를 통해 얻은 결과를 요약본으로 만들어라.

WORK SHEET

아래와 같이 사용자와 함께 현장 활동을 진행하고 관련 내용을 노트에 기록하세요.

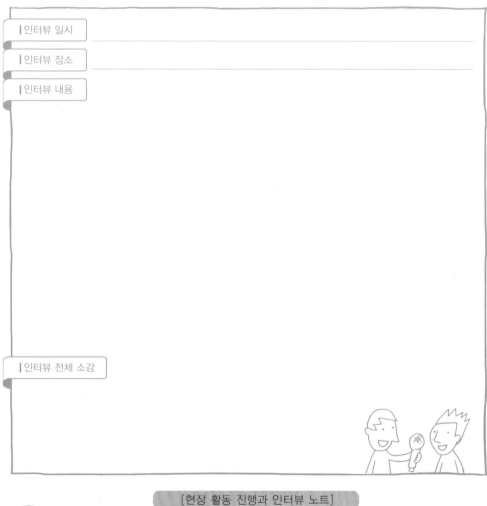

| 인터뷰 일시

| 인터뷰 장소

| 인터뷰 내용

| 인터뷰 전체 소감

[현장 활동 진행과 인터뷰 노트]

TIPS

1. 책상에서는 경험할 수 없는 요소들을 실제 현장에서 발견하세요.

2. 시사점을 메모하고 기록하세요.

3. 활동 이후 팀원들과 내용을 공유하세요.

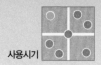

조사 내용을 수동으로 분류해서 클러스터와 계층 구조 찾기

WHAT IT DOES

통찰 분류는 조사를 통해 얻은 모든 통찰을 모으는 일에서 시작한다. 포스트잇에 통찰 기술서를 적고, 기술서를 분류하여 합의된 클러스터링 논리(clustering logic)를 찾는다. 팀이 클러스터링 논리에 합의하면, 흥미로운 클러스터링 패턴을 밝혀내기 위해 모든 통찰을 재분류한다.

HOW IT WORKS

1단계: 통찰 기술서를 모아라.

조사를 통해 얻은 통찰 기술서를 모두 모아라.

2단계: 사례를 분류하고, 클러스터링 논리에 대해 합의하라.

공유의 의미로 하나의 통찰이 다른 것들과 어떻게 '유사'한지 확인하는 방법이 자주 사용된다.

3단계: 통찰 기술서를 클러스터로 모으고, 다시 작업하라.

합의한 클러스터링 논리에 따라 클러스터링 작업을 완료하라. 토론하고 이해를 공유하라.

4단계: 클러스터를 정의하라.

통찰 클러스터에 관해 토론하고, 왜 그런 방식으로 묶었는지 인식하라. 각각의 클러스터를 정의하고 전체적인 특성을 적어라.

5단계: 다음 단계에 관해 토론하라.
프로젝트의 이후 단계에서 어떤 가치를 제공할지 팀 멤버들과 토론하라.

WORK SHEET

통찰(Insight) : 인터뷰와 관찰을 통하여 전체적으로 발견된 깊은 맥락

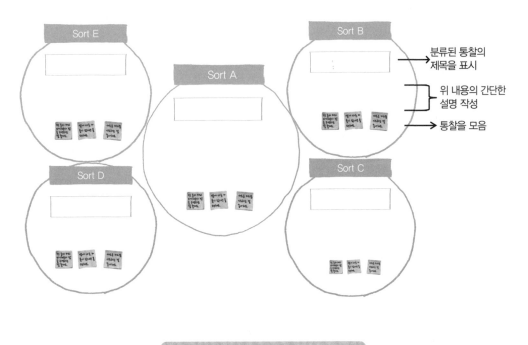

분류된 통찰의
제목을 표시

위 내용의 간단한
설명 작성

통찰을 모음

[통찰 분류]

TIPS

1. 분류할 때 사용자 관점에서 좀 더 다른 기준과 의미를 부여하세요.

2. 아주 작은 사실이라도 쉽게 버리지 말고 의미를 찾아보세요.

3. 분류된 내용이 상호 연결될 수 있는지 살펴보세요.

패턴을 이해하고 통찰을 끌어내기 위해, 조사 참가자의 반응 분석하기

WHAT IT DOES

사용자 반응 분석은 사용자 설문조사, 질문, 인터뷰, 관찰 조사 방법으로 수집한 많은 양의 정성적 데이터를 분석하기 위해 색깔이나 크기처럼 데이터를 시각화하여 사용하는 방법이다. 시각적 접근법은 데이터에서 특정 유형을 밝혀내고, 사용자가 가장 중요하게 생각하는 가치에 관한 통찰을 찾는 데 도움을 준다.

HOW IT WORKS

1단계: 사용자 조사 데이터를 스프레드시트에 모아라.

질문지, 인터뷰 답안, 설문조사, 기타 방법으로 얻은 사용자 조사 자료를 모아 스프레드시트에 입력하라.

● 오른쪽 표와 같이 사용자별 반응을 키워드 위주로 입력하여 정리하세요.

2단계: 데이터를 줄이고 정리하라.

사용자 범주를 열의 제목으로 하고 비교 항목을 행의 제목으로 만들어 정리 테이블을 만들어라.

● 자세한 방법론은 본서 4.4를 확인해주세요.

3단계: 실시할 검색의 종류를 결정하라.

광범위한 키워드 검색을 할 것인지, 어느 한 분야에 집중할지를 결정하라.

4단계: 쿼리의 결과를 시각적으로 표현하라.

색깔, 모양, 크기 등의 시각화 기술을 사용하여, 검색 결과에서 발견된 패턴을 강조하라.

5단계: 시각 자료를 분석하여 패턴과 통찰을 찾아라.

두 데이터 간의 유사성 및 개수 불균형과 같은 차이점을 찾기 위해 시각 지도를 분석하라.

6단계: 통찰을 기록하라.

분석과 통찰을 요약하고, 이를 팀원과 공유하라. 추가 분석이 필요하다고 나타난 정보를 포함하라.

WORK SHEET

아래와 같이 각 사용자가 나타내는 반응을 셀로 구분하여 내용을 표기하세요.

	반응 1	반응 2	반응 3	반응 4
사용자 1				
사용자 2				
사용자 3				
사용자 4				
사용자 5				

키워드
(단어나 문구)
위주로
각 셀에
내용을
기입하세요.

[사용자 반응 분석표]

TIPS
1. 주요 키워드(단어나 문구) 위주로 내용을 간단히 기입하세요.
2. 이 중에 키워드가 많거나 내용이 몰리는 곳을 주의 깊게 살펴보세요.
3. 작은 키워드도 버리지 말고 살펴보세요.

주체, 관계, 특성, 흐름을 다이어그램으로 만들고 분석하기

WHAT IT DOES

ERAF 시스템 다이어그램은 맥락에 존재하는 상위 수준의 시스템 관점을 만들어내는 방법이다. 이를 통해 시스템의 모든 구성 요소 및 서로 간의 상호작용을 생각하는 데 도움이 된다. 프로젝트와 상관없이 어떤 시스템이든 기본적으로 주체, 관계, 특성, 흐름을 연구할 수 있다.

HOW IT WORKS

1단계: 시스템의 주체를 정하라.

사람, 장소, 물건, 조직, 분석하고자 하는 맥락을 광범위하게 포괄하는 것의 목록을 작성하라. 원을 그려 각 주체를 표시하고 라벨을 붙여라.

2단계: 주체 간의 관계와 흐름을 규정하라.

다이어그램에 선을 그어 관계를 표시하고, 화살표로 흐름을 나타내라.

3단계: 주체의 특성을 규정하라.

프로젝트를 위해 반드시 알아두어야 할 특성들을 정하라.

4단계: 네트워크 다이어그램을 개선하라.

시스템 다이어그램에 모든 요소들이 완전히 포착되고 서술되었는지를 팀 단위로 검토하라.

5단계: 다이어그램을 분석하라.

맥락의 현재 상황을 진단하기 위해 ERAF 시스템 다이어그램을 연구하라.

6단계: 다이어그램에 관해 토의하고, 통찰을 뽑아내라.

이러한 시각 자료와 통찰을 팀원과 공유하고, 다음 단계를 위한 행동 계획을 짜라.

아래와 같이 ERAF(주체, 관계, 특성, 흐름)의 모든 요소를 기입하고 특징적인 부분을 토의하여 도출하세요.

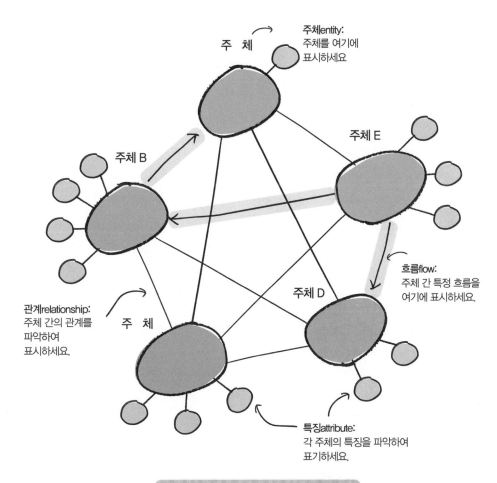

주체|entity:
주체를 여기에
표시하세요

주 체

주체 E

주체 B

흐름|flow:
주체 간 특정 흐름을
여기에 표시하세요.

주체 D

관계|relationship:
주체 간의 관계를
파악하여
표시하세요.

주 체

특징|attribute:
각 주체의 특징을 파악하여
표기하세요.

[ERAF 시스템 다이어그램]

TIPS

1. E/R/A/F의 모든 면을 바라보려고 노력하세요.

2. 먼저 정리하려고 하지 말고 모든 것을 열거한 후 정리하세요.

3. 각 요소의 작은 부분도 의미 있게 해석하려고 노력하세요.

맥락 안에서 가치가 어떻게 만들어지고 변화하는지 나타내는 네트워크 다이어그램 만들기

WHAT IT DOES

서술적 가치 웹은 시스템을 통해 가치가 어떻게 교환되고 흘러가는지 보여줌으로써, 주어진 맥락 안에서 이해관계자 사이에 존재하는 관계의 집합을 시각화한다. 서술적 가치 웹은 역동적인 시스템 이미지로 간주되며, 새 정보가 가능해지면 다시 작성해야 한다.

HOW IT WORKS

1단계: 이해관계자 목록을 만들어라.

이해관계자에는 경쟁 조직, 보완 조직, 공급자, 유통업자, 고객, 관련 정부 기관, 현재 상황에서 가치를 창출하는 다른 모든 주체를 포함한다.

2단계: 관련된 가치 흐름을 알아내라.

돈이 항상 정해진 가치 흐름이 아니라는 사실을 명심하라. 정보, 물질, 서비스, 그 외에 명성처럼 보이지 않는 가치의 흐름을 고려하라.

3단계: 초기 가치 웹을 그려라.

모든 교점과 링크에 라벨을 붙여, 웹을 처음 보는 사람이라도 가치의 본성이 달라지는 것을 한눈에 파악할 수 있도록 하라.

4단계: 가치 웹을 분석하라.

가치 웹의 역동성을 완전히 이해하기 위해 다양한 질문을 던지고, 그에 대해 팀별로 토의하고 통찰을 기록하라.

5단계: 가치 웹을 검토하고 개선하라.

팀원 및 외부 전문가들과 토의하여, 가치 웹이 현재 상태를 반영한다는 공감대에 이를 때까지 개선하라.

WORK SHEET

아래와 같이 각 이해관계자들 사이에 흐르는 가치를 규명하여 그 부분에 표시하세요.

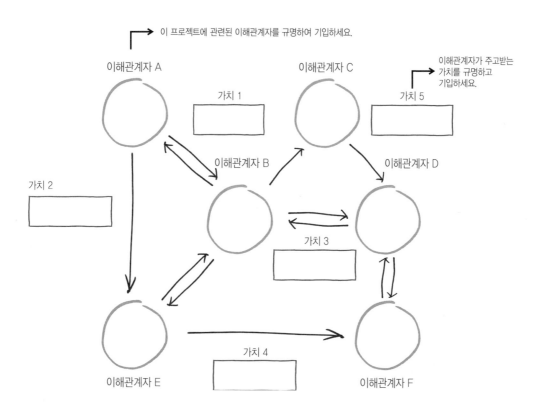

이 프로젝트에 관련된 이해관계자를 규명하여 기입하세요.

이해관계자가 주고받는 가치를 규명하고 기입하세요.

이해관계자 A

가치 1

이해관계자 C

가치 5

이해관계자 B

이해관계자 D

가치 2

가치 3

이해관계자 E

가치 4

이해관계자 F

[서술적 가치 웹]

TIPS

1. 보이지 않는 이해관계자를 찾는 것이 매우 중요합니다.

2. 가치의 흐름을 발견하고 핵심적인 부분을 도출해보세요.

3. 가치 웹을 그릴 때 전문가를 참여시키는 것도 좋은 방법입니다.

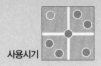
주체 분포와 그룹화 패턴 분석을 위해 모든 주체를 포지션 지도에 표시하기

WHAT IT DOES

주체 포지션 지도는 교차하는 두 속성의 규모와 관련하여 각각의 주체가 어떤 그룹으로 나뉘는지 분석하기 위한 방법이다. 각 주체는 포지션 지도의 영역 안에 배치된다. 이 방법은 규정된 공간 안에서 주체들이 어디에 위치하는지뿐 아니라 서로의 상대적 위치를 파악할 수 있게 한다.

HOW IT WORKS

1단계: 비교할 주체를 정하라.

가장 일반적으로 분석되는 주체는 상품, 서비스, 기술, 사용자, 활동, 장소, 혁신 사례, 브랜드, 조직이다.

2단계: 비교할 속성을 정하라.

주체와 연관된 속성 중 분석에 가장 유용할 것으로 판단되는 2개를 선택하라.

3단계: 포지션 지도를 작성하고 주체를 배치하라.

우선 포지션 지도의 가장 극단적인 구석을 차지할 것 같은 주체들을 찾아서 배치하고, 남은 주체들을 포지션 지도에 표시하라.

4단계: 포지션 지도를 분석하라.

포지션에 대한 이해를 충분히 하라.

💬 자세한 방법론은 본서 4.7을 확인하세요.

5단계: 통찰을 공유하고 토론하라.

통찰과 결과를 모으고, 요약 서류를 작성하라. 팀원과 공유하고 토론하라.

아래와 같이 주요한 특징 2가지를 도출하여 4분면 지도를 그리고,

그 지도 위에 프로젝트 관련 주체들을 배치하고 분석하세요.

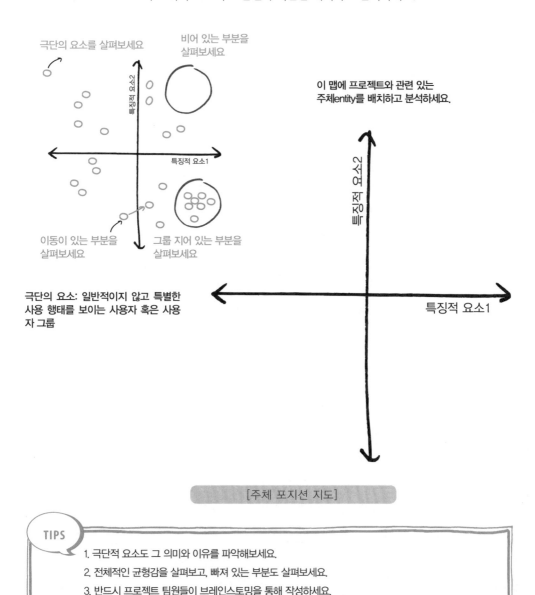

극단의 요소를 살펴보세요

비어 있는 부분을 살펴보세요

특징적 요소2

특징적 요소1

이 맵에 프로젝트와 관련 있는 주체Ientity를 배치하고 분석하세요.

이동이 있는 부분을 살펴보세요

그룹 지어 있는 부분을 살펴보세요

극단의 요소: 일반적이지 않고 특별한 사용 행태를 보이는 사용자 혹은 사용자 그룹

특징적 요소2

특징적 요소1

[주체 포지션 지도]

TIPS

1. 극단적 요소도 그 의미와 이유를 파악해보세요.

2. 전체적인 균형감을 살펴보고, 빠져 있는 부분도 살펴보세요.

3. 반드시 프로젝트 팀원들이 브레인스토밍을 통해 작성하세요.

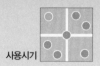
겹치는 주체 클러스터 분석을 위해 다이어그램 그리기

WHAT IT DOES

벤 다이어그램 그리기는 둘 또는 그 이상의 주체 클러스터 사이에 겹쳐지는 것을 분석하는 데 효과적인 방법이다. 이 방법이 사용되는 가장 일반적인 맥락은 업계 수준의 분석이다. 벤 다이어그램은 일반적으로 많아야 서너 개의 겹치는 클러스터를 표현하는데, 이보다 많아지면 해석하고 이해하기가 힘들어진다.

HOW IT WORKS

1단계: 그룹화하고 겹칠 주체를 확인하라.

프로젝트마다 그룹화하라. 겹치는 주체 유형은 다르지만, 기본적으로는 제품, 서비스, 기술, 사용자, 장소, 브랜드, 조직이 포함된다.

2단계: 주체를 그룹으로 묶어라.

주체들을 하나씩 클러스터로 묶으면서, 서로 관련된 주체들을 같은 그룹에 배치하고, 그들 주위로 원을 그려라.

● 자세한 방법론은 본서 4.8을 확인해주세요.

3단계: 클러스터와 겹쳐진 곳을 분석하라.

클러스터 안의 주체들을 이해하고, 그것에 라벨을 붙여라. 겹쳐진 곳에 있는 주체들에 초점을 맞추고, 그것의 의미를 이해하라. 연결되지 않고 클러스터 바깥쪽에 있는 주체의 의미를 분석하라.

4단계: 통찰을 공유하고 토론하라.

통찰을 모으고 요약 문서를 작성하라. 팀원과 공유하고 토론하라.

아래와 같이 각 주체들을 표기하고 그룹화하세요.

특히 겹쳐지는 영역에 있는 요소들에 대해 관심을 가지고 토론하세요.

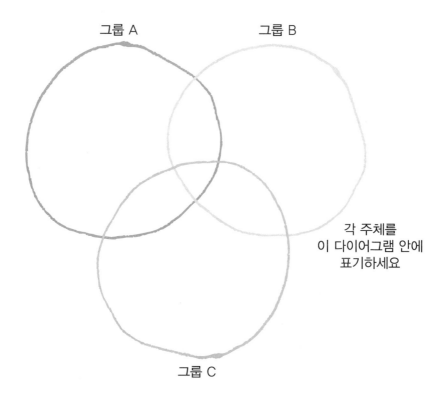

그룹 A   그룹 B

각 주체를
이 다이어그램 안에
표기하세요

그룹 C

[주체 벤 다이어그램]

TIPS

1. 서로 겹쳐지는 주체들이 있는지 살펴보세요.

2. 그룹의 기준은 프로젝트 팀원들이 결정하되, 소수의 의견도 무시하지 마세요.

3. 혹시 영역 밖에 위치하는 주체가 있더라도 이를 무시하지 마세요.

계층 구조 내 관련된 주체를 분석하기 위해 다이어그램 그리기

WHAT IT DOES

수형도/세미-격자 다이어그램은 주체 간에 존재하는 관계의 계층적 속성을 분석하는 데 좋다. 수형도에서는 하나의 하위 주체가 오직 하나의 상위 주체를 가질 수 있어서, 각각의 가지가 뚜렷하게 분리된다. 세미-격자 다이어그램에서는 하위 주체 하나가 하나 이상의 상위 주체를 가질 수 있어 각각의 가지가 교차할 수 있다.

HOW IT WORKS

1단계: 다양한 레벨에서 주체를 찾아라.

낮은 레벨의 주체 전부를 목록으로 작성하라. 이것이 시스템의 가장 기본적인 요소다.

2단계: 수형도를 작성하라.

가장 낮은 레벨에서 시작하는 상향식 또는 가장 높은 레벨에서 시작하는 하향식 방식으로 수형도를 작성하라. 점이나 원으로 주체들을 표시하고, 선을 그어 자식 주체를 부모 주체와 연결하라.

3단계: 다이어그램을 분석하라.

주체들이 그 레벨에 속하기에 충분히 뚜렷한가? 세미-격자에 교차가 많이 존재한다면 무엇을 의미하는가? 수형도/세미-격자 다이어그램이 맥락에 관한 이해를 반영하고 있는가? 이러한 통찰을 포착하고, 수형도/세미-격자 다이어그램과 관련하여 그것을 나타내라.

4단계: 통찰을 공유하고 토론하라.

지금 존재하는 계층 구조가 맥락에 어떻게 영향을 미치는지, 콘셉트를 위한 기회를 어디에서 발견할 수 있는지 토의하라.

아래와 같이 세부적으로 수형도를 작성하면서, 생각하지 못했던 주체들을 찾아내어 표기하세요.

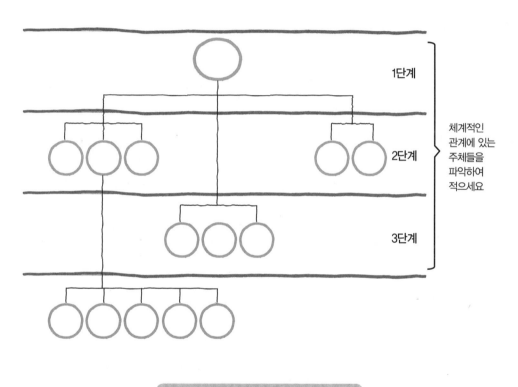

[수형도 다이어그램]

TIPS

1. 사용자의 혜택benefit 관점에서 각 주체들을 정리하세요.

2. 세부적으로 가장 낮은 레벨의 주체까지 모두 파악해보세요.

3. 프로젝트 이해관계자가 모두 모일 수 있는 토의 자리를 마련해보세요.

사용시기

주체 간의 관계에 기반하여 모든 주체를 집단으로 클러스터화하기

WHAT IT DOES

조사를 통해 수집된 주체 목록을 구성하고, 서로의 관계에 기반하여 어떤 방식으로 그룹화되는지를 알 수 있게 한다. 조직화되지 않은 주체 목록에서 이런 그룹화 패턴을 살펴보는 것은 아주 유용한데, 각 패턴이 높은 레벨의 체계를 드러내고, 콘셉트 탐구를 위한 프레임워크 개발을 돕기 때문이다.

HOW IT WORKS

1단계: 클러스터링을 위한 주체 목록을 작성하라.

6단계: 매트릭스를 정렬하라.

2단계: 주체 간 관계를 결정하라.

7단계: 클러스터를 확인하라.

3단계: 주체 간 연관성을 측정할 척도를 결정하라.

8단계: 클러스터를 규정하고 라벨을 붙여라.

4단계: 대칭적 매트릭스를 만들어라.

9단계: 통찰을 포착하고 프레임워크를 만들어라.

5단계: 관계에 점수를 매겨라.

10단계: 통찰을 공유하고 토론하라.

아래와 같이 소프트웨어를 활용하여 주체 간 연관성을 감안한

클러스터링을 실시하고, 통찰을 발견하세요.

소프트웨어를 활용하는 방법

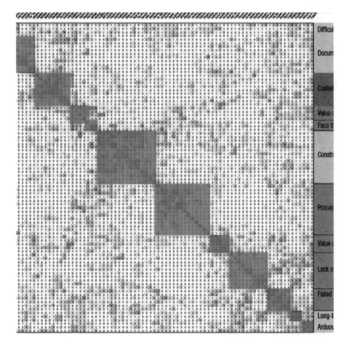

* Software: 이노펙토리 제공

● 프로그램은 http://goo.gl/gQHCDy로 오셔서 이름, 소속, 직책, 연락

처, 이메일, 용도를 입력해주시면 파일을 보내드립니다.

[대칭적 클러스터링 매트릭스]

TIPS

1. 소프트웨어의 실행 순서를 잘 준수하여 진행하세요.

2. 여럿이 모여서 실시하면 효과적입니다.

3. 작은 클러스터도 의미 있게 바라보려고 노력하세요.

다른 목록에 존재하는 주체 간의 관계에 기반하여 두 개의 주체 목록을 클러스터링하기

WHAT IT DOES

비대칭적 클러스터링 매트릭스는 대칭적 클러스터링 매트릭스와 같은 기능을 하지만, 단일 집단이 아니라 두 집단의 주체를 비교한다. 이 방법으로 수집된 주체를 두 개의 집단으로 만든 다음, 각 집단이 어떻게 다른 집단과 관계하는지에 따라 클러스터를 나눈다.

HOW IT WORKS

1단계: 클러스터화를 위한 주체 목록을 작성하라.

2단계: 주체 간 관계를 결정하라.

3단계: 주체 간 연관성을 측정할 척도를 결정하라.

4단계: 비대칭적 매트릭스를 만들어라.

5단계: 관계에 점수를 매겨라.

6단계: 매트릭스를 정렬하라.

7단계: 클러스터를 확인하라.

8단계: 클러스터를 규정하고 라벨을 붙여라.

9단계: 통찰을 포착하고 프레임워크를 만들어라.

10단계: 통찰을 공유하고 토론하라.

아래와 같이 소프트웨어를 활용하여 주체 간 연관성을 감안한

클러스터링을 실시하고, 통찰을 발견하세요.

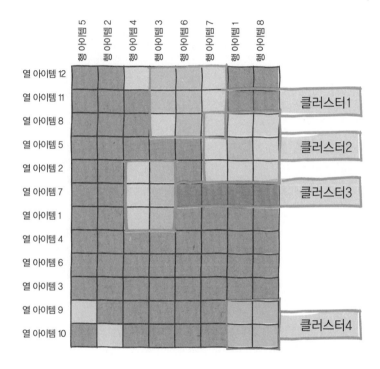

● 프로그램은 http://goo.gl/gQHCDy로 오셔서 이름, 소속, 직책, 연락처, 이메일, 용도를 입력해주시면 파일을 보내드립니다.

[비대칭적 클러스터링 매트릭스]

TIPS

1. 소프트웨어의 실행 순서를 잘 준수하여 진행하세요.

2. 여럿이 모여서 실시하면 효과적입니다.

3. 작은 클러스터도 의미 있게 바라보려고 노력하세요.

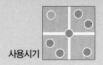

통찰을 클러스터로 묶고, 클러스터 간 관계와 계층 구조 나타내기

WHAT IT DOES

사람과 맥락에 관한 조사에서 생성된 통찰 목록을 만들어주며, 목록이 어떻게 서로의 관계에 기반하여 그룹을 이루는지 보여준다. 이 방법은 통찰을 연결하는 대칭적 클러스터링 매트릭스를 함께 사용한다. 클러스터링 결과는 모든 통찰을 함께 나타내는 클러스터링 다이어그램으로 바뀌지며, 클러스터링 패턴과 총체적 상호 관계를 드러내게 된다.

HOW IT WORKS

1단계: 클러스터링을 위한 주체 목록을 작성하라.

2단계: 통찰 간 관계를 결정하라.

3단계: 통찰 간 연관성을 측정할 척도를 결정하라.

4단계: 대칭적 매트릭스를 만들어라.

5단계: 관계에 점수를 매겨라.

6단계: 매트릭스를 정렬하라.

7단계: 클러스터를 확인하라.

8단계: 클러스터를 규정하고 라벨을 붙여라.

9단계: 통찰을 포착하고 프레임워크를 만들어라.

10단계: 통찰을 공유하고 토론하라.

WORK SHEET

아래와 같이 소프트웨어를 활용하여 통찰 간 연관성을 감안한

클러스터링을 실시하고, 통찰을 발견하세요.

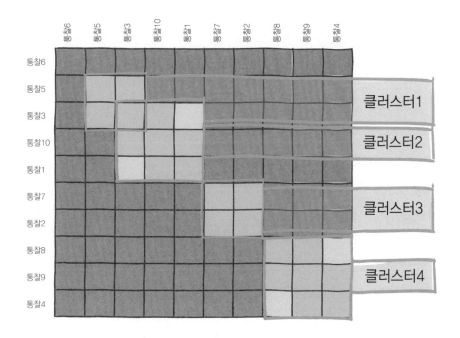

● 프로그램은 http://goo.gl/gQHCDy로 오셔서 이름, 소속, 직책, 연락
처, 이메일, 용도를 입력해주시면 파일을 보내드립니다.

[통찰 클러스터링 매트릭스]

TIPS
1. 소프트웨어의 실행 순서를 잘 준수하여 진행하세요.
2. 여럿이 모여서 실시하면 효과적입니다.
3. 작은 클러스터도 의미 있게 바라보려고 노력하세요.

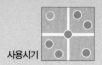

의미 척도에 기반하여 주체 분석표를 만들고, 분석표 비교하기

WHAT IT DOES

의미 프로필은 상품, 서비스, 경험, 콘셉트, 유사한 주체 등에 관한 사람들의 태도를 평가하는 사회과학 분야의 오즈굿의 의미론적 차이점(Osgood's Semantic Differential)에 기반한 방법이다. 이 방법은 '단순함'과 '복잡함', '약함'과 '강함', '중요함'과 '중요하지 않음'처럼 뜻이 반대인 두 단어로 정의되는, 일련의 측정용 의미 척도를 사용한다.

HOW IT WORKS

1단계: 비교할 주체를 선택하라.

가장 일반적으로 사용되는 주체는 상품, 서비스, 활동, 브랜드, 사용자 집단이다. 비교를 쉽게 하기 위해 관련된 10개의 주체로 목록을 제한하라.

2단계: 핵심적인 속성 척도를 정하라.

선택된 주체의 분석표를 포괄적으로 규정할 수 있는, 관련성 높은 속성을 정하라.

3단계: 의미 프로필 다이어그램을 작성하라.

'저렴함'과 '비쌈'처럼 한 쌍의 단어를 사용하여 속성 등급을 양극단의 라벨로 설정하라.

4단계: 주체 분석표를 만들어라.

의미 등급에 표시하는 방법으로 각 주체에 점수를 매겨라. 각 주체를 수직으로 연결하여 지그재그 선의 형태를 만들어라. 분석표를 시각적으로 구분하기 위해 색깔을 사용하라.

5단계: 패턴을 분석하라.

주체 분석표를 비교하고, 클러스터 간에 유사성이 있는지 확인하라.

6단계: 통찰을 포착하고 공유하라.

분석을 통해 얻은 모든 통찰을 문서화하고, 잘 읽히도록 하기 위해 의미 프로필 다이어그램의 각 위치 옆에 통찰을 표시한 다음, 팀원과 공유하라. 패턴과 통찰에 관해 토론하라.

WORK SHEET

아래와 같이 주체별 요소의 중요성을 기입하고 의미를 파악하여 토론하세요.

왼쪽과 같이 주체별 요소의 중요성을 기입해보세요

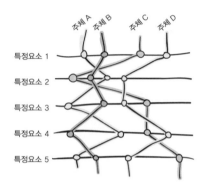

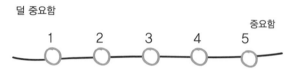

덜 중요함

| 1 | 2 | 3 | 4 | 중요함 5 |

[의미 프로필 지도]

TIPS
1. 각 영역에 나타난 특징적 요소를 살펴보세요.
2. 특정 영역에 빈번하게 분포하는 현상과 이유를 파악하세요.
3. 토론할 때 서로의 의견을 존중하세요.

맥락 내에 존재하는 서로 다른 사용자 유형 정하기

WHAT IT DOES

사용자 그룹 정의는 프로젝트 주제와 관련된 일련의 핵심 속성에 따라 서로 다른 사용자 유형을 지도에 나타내는 방법이다. 이 방법은 두 개의 중요한 속성을 축으로 하는 4분면 지도를 만들고, 지도 위에 사용자 간의 관계를 표시한다. 이를 통해 각각의 분면에 있는 서로 다른 사용자 유형을 파악하고, 사용자 그룹을 정의할 수 있다.

HOW IT WORKS

1단계: 사용자 활동과 사용자 유형에 관한 목록을 작성하라.

사용자 연구 결과를 검토하라. 찾아낸 것을 비슷한 활동과 태도를 가진 사용자 유형 목록으로 정리하라.

2단계: 속성 척도를 설정하라.

모든 사용자 유형에 적용되는 속성 목록을 만들어라. 주제에 가장 관련된 속성에 따라 목록을 정렬하라.

3단계: 4분면 지도를 작성하고, 사용자 유형을 지도에 표시하라.

이전에 찾아낸 사용자 유형을 지도에 표시하라. 팀원과 함께 지도를 개선하라.

4단계: 사용자 그룹을 규정하라.

각 사분면의 사용자 유형을 연구하라. 그들 행동과 특징 간의 공통점을 확인하라.

5단계: 사용자 그룹 간 공통점을 서술하라.

각 사용자 그룹을 대표하는 사용자를 연구하라. 그들 성격 간의 공통점을 서술하라.

6단계: 토론하고 확장하라.

이 지도가 콘셉트 탐구에 필요한 핵심 사용자 욕구를 설명할 수 있는가? 콘셉트 개발을 위해 한두 개의 사용자 그룹에 초점을 맞추는 것이 가능한가?

아래와 같이 중요한 속성을 축으로 하는 4분면 지도를 만들고, 지도 위에 사용자 유형을 표시하세요.

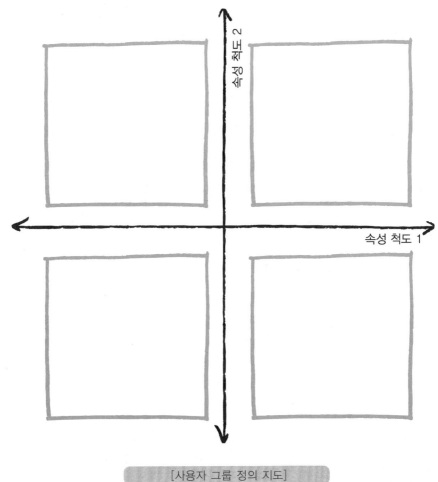

[사용자 그룹 정의 지도]

TIPS
1. 속성 척도를 도출할 때 신중을 기하세요.
2. 조사한 조사 대상자 모두를 지도에 표시하세요.
3. 특정 그룹이나 열외에 있는 데이터를 유심히 살펴보세요.

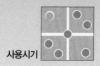
맥락에 따라 사용자 여정 지도 그리기

WHAT IT DOES

사용자 여정 지도는 하나의 완전한 경험을 관통하여 사용자의 단계별 과정을 따라가는 일정표다. 이 방법에서는 존재하는 문제에 관한 통찰이나 혁신 기회를 포착하기 위해, 사용자 여정을 구성 요소로 분해한다. 사용자의 모든 행위를 지도 위의 교점으로 표현하고, 그룹으로 묶어 상위 레벨을 위한 활동에 포함한다.

HOW IT WORKS

1단계: 모든 활동 목록을 작성하라.

경험 중에 일어나는 모든 구체적인 활동을 찾아내라.

2단계: 활동을 분류하라.

관련된 구체적 활동을 상위 레벨에 포함하라.

3단계: 활동 클러스터를 교점으로 표시하라.

상위 레벨 활동을 교점으로 나타내고, 절차에 따라 일정표에 배치하라.

4단계: 문제점, 불편한 점을 표시하라.

과정 중에 나타나는 불편한 점이나 문제점을 찾아라.

5단계: 자료를 추가하여 지도를 확장하라.

사용자 활동 비디오 자료, 과정 단계에 관해 언급한 사용자 조사 인용문, 활동이 일어나는 장소를 표시한 배치도 등의 추가 자료를 여정 지도에 추가하라.

6단계: 통찰을 찾아라.

전체적인 사용자 여정 지도를 팀 단위로 연구하고, 조사 결과를 언급하고, 토의하고, 통찰을 찾아라.

7단계: 결과물을 요약하고 공유하라.

이런 통찰을 사용자 여정 지도 위에 적어서 강조하라.

WORK SHEET

아래와 같이 사용자 경험에 비추어 서비스 이전, 현재, 이후로 구분하여 만족도와 불편 사항을
기입한 다음, 사용자 경험 가치를 전체적으로 향상시킬 수 있는 방법을 도출하세요.

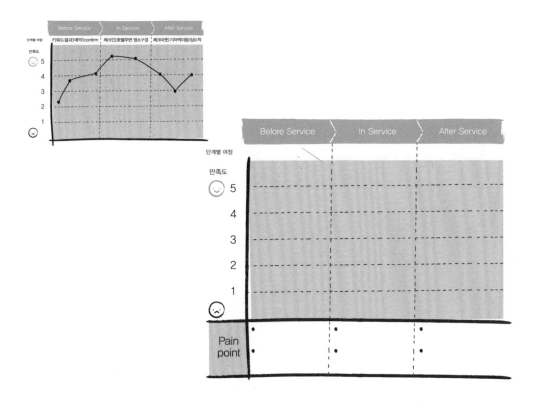

[사용자 여정 지도]

TIPS

1. 사용의 전후 맥락을 꼭 살펴보세요.

2. 현저하게 낮은 구간과 원인을 파악해보세요.

3. 전체 경험을 높일 수 있는 방안을 다 같이 모색해보세요.

통찰의 이해, 패턴의 발견, 아이디에이션 등에 유용한 프레임워크를 위해 워크 세션 실행하기

WHAT IT DOES

분석 워크숍은 맥락 안에서 일어나는 일에 관한 이해를 공유하고, 콘셉트 생성에 유용한 분석적 프레임워크를 만드는 데 사용되는 방법이다. 이 방법은 팀원들이 새롭게 만들어지는 패턴에 맞추어 이미 도출된 관찰 결과 및 통찰을 정비할 수 있게 한다. 그리고 추후 콘셉트 도출에 사용할 수 있는 일련의 요약된 프레임워크로 전환시키는 데 큰 도움을 준다.

HOW IT WORKS

1단계: 워크숍을 계획하라.

워크숍의 목표 기술서와 개요를 작성하라. 목적은 맥락 안에서 일어나는 일에 관한 이해를 공유하고, 콘셉트 생성에 유용한 분석적 프레임워크를 만드는 것이다.

2단계: 이미 밝혀진 통찰을 수집하라.

이번 모드에서 사용한 다양한 방법을 활용하여 조사 문서를 검토하고, 그동안 생성한 모든 통찰을 모아라.

3단계: 워크숍을 진행하고 분위기를 촉진하라.

모든 통찰을 개방적으로 공유하고 자유롭게 대화할 수 있는 환경을 조성하라.

4단계: 통찰을 검토하고, 필요하다면 더 만들어 내라.

이전에 만들어진 모든 통찰을 검토하는 일에 워크숍의 1부를 사용하라. 모든 워크숍 참가자가 이해하고 공유하도록 하라.

5단계: 통찰을 클러스터로 묶어라.

상호 보완적인 통찰을 찾아내 클러스터로 묶어라.

6단계: 통찰 클러스터를 분석적 프레임워크로 편성하라.

팀 단위로 통찰 클러스터들을 검토하고, 서로 관련된 것끼리 구조화하라.

7단계: 참가자의 보고를 받고, 워크숍의 결과물을 요약하라.

워크숍 결론에 관한 보고를 받아라. 서로 다른 팀이 결과물을 공유하게 하라.

WORK SHEET

아래와 같이 분석 워크숍을 진행하고
여기에서 나온 여러 가지 사실과 아이디어를 수집하고 토론하세요.

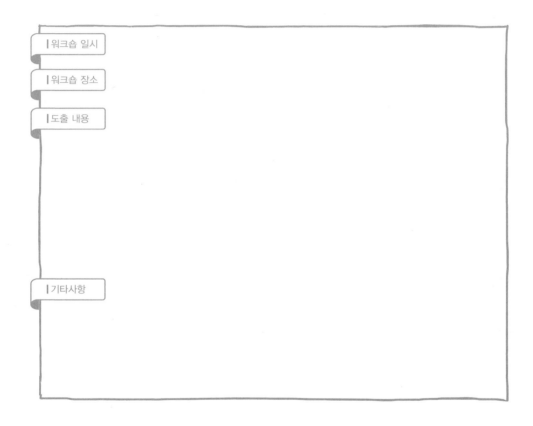

| 워크숍 일시 |
| 워크숍 장소 |
| 도출 내용 |
| 기타사항 |

[분석 워크숍 활동]

TIPS

1. 관련 사업에 참여하고 있는 담당자를 참여시키세요.
2. 넓고 개방된 공간을 사용하세요.
3. 과정에 필요한 내용은 녹음 및 사진으로 남겨주세요.

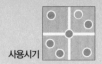
분석에서 통합으로 전환하기: 정해진 디자인 원칙에 기반하여 기회 탐험하기

WHAT IT DOES

디자인 원칙은 사용자의 욕구로부터 아이디어를 도출하기 위한 가이드라인이다. 즉 '어떻게 하면 이 욕구를 해결할 수 있을까?'라는 질문을 던짐으로써 좋은 아이디어를 유도하는 역할을 한다. 이때 질문은 너무 복잡하거나 추상적이어서는 안 된다.

HOW IT WORKS

1단계: 기회 탐색을 위한 표를 만들어라.

이전 모드에서 개발한 원칙과 통찰을 모두 수집하라. 표를 만든 후, 첫 번째 열에는 통찰을 적고 두 번째 열에는 관련된 디자인 원칙을 적어라.

2단계: 단일 결과물을 위한 기회를 만들어라.

각 디자인 원칙에 초점을 맞추어서, 단일 결과물 도출을 위한 기회를 생각하고, 그에 상응하는 열에 입력하라.

3단계: 시스템 기회를 만들어라.

단일 결과물을 위한 기회 생성에서 사용한 것과 같은 방법으로, 각 디자인 원칙에 맞는 시스템 기회를 생각하여 다음 열에 적어라.

4단계: 전략적 기회를 만들어라.

전략적 기회를 생각한 뒤 그에 대응하는 디자인 원칙을 다음 열에 입력하라.

5단계: 모든 기회를 함께 살피고 통찰을 얻어라.

표의 모든 구획을 충분히 고려하라.

WORK SHEET

아래와 같이 표를 만들고 디자인 원칙을 질문 형태로 만든 후 오른쪽 영역에서 기회들을 발굴하세요.

통찰	원칙	개별 기회	시스템 기회	전략 기회
통찰	원칙 1			
통찰	원칙 2			
통찰	원칙 3			

[디자인 원칙과 기회 표]

TIPS

1. 표를 만들고 필요한 영역을 표시하세요.

2. "어떻게 하면 이 욕구를 해결할 수 있을까?"와 같은 디자인 원칙들을 만드세요.

3. 그 디자인 원칙에 맞게 기회를 발굴하여 적어보세요.

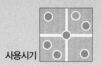
프로젝트의 다양한 측면을 정리하고 혁신을 위한 기회 영역 지도 그리기

WHAT IT DOES

이 방법은 개념 탐색을 시작할 때 사용되며, 혁신 기회가 있을 만한 곳을 시각적으로 묘사하는 것으로 시작된다. 관계와 계층 구조를 드러내는 이 맵은 잠재 솔루션 개발을 위해 어떤 부분이 더 흥미로울지에 관한 대화를 나누는 데 유용하다.

HOW IT WORKS

1단계: 핵심 주제와 관련 측면을 파악하라.

'통찰 구조화하기' 모드에서 개발한 콘셉트와 프레임워크를 검토하고, 기회 탐색에 가장 흥미로울 수 있는 핵심 주제를 정하라.

2단계: 핵심 주제와 관련 측면을 지도화하라.

가운데에 핵심 주제를 놓고, 핵심 주제와 서로 다른 연관성 정도를 나타내기 위해 동심원의 크기를 결정하고, 마지막으로 주제를 둘러싼 구역을 여러 개로 나누어 탐구하고자 하는 핵심 측면들을 배치하라.

3단계: 핵심 주제와 관련 측면을 둘러싸고 있는 기회를 탐구하라.

아이디어에 관해 토의하고, 서로의 아이디어를 발전시켜라.

4단계: 속성에 맞게 마인드 맵을 개선하라.

탐색 초기 반드시 추적해야 할 속성에 관해 토의하라.

5단계: 맵을 분석하고 추가 탐색이 필요한 부분을 인지하라.

지도의 어떤 영역이 추가 개발하기에 가장 흥미로운지 토의하고 결정하라.

WORK SHEET

아래와 같이 주제와 관련된 핵심 측면을 집중적으로 토의하여 아이디어를 도출하고 이를 정리하세요.

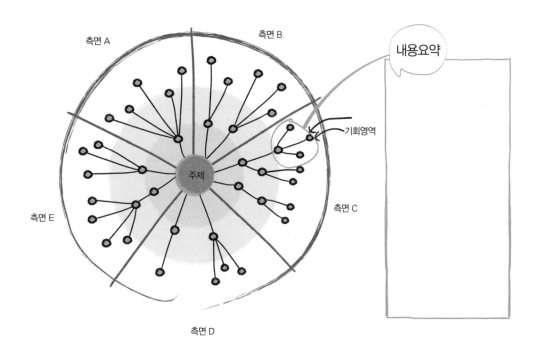

측면 A
측면 B
내용요약
측면 E
측면 C
주제
기회영역
측면 D

[기회 마인드 맵]

TIPS

1. 브레인스토밍의 룰을 지키세요.

2. 평소에 생각하지 못했던 영역도 유심히 관찰하세요.

3. 기회 영역을 도출한 후 관계자와 상의하세요.

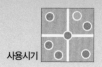
목표한 솔루션이 사용자와 제공자에게 어떤 가치를 만드는지 분명하게 규정하기

WHAT IT DOES

가치 가설은 새 결과물이 목표로 삼은 가치의 정의다. 이것은 주로 탐구 영역의 틀을 잡는 개발 초기에 사용된다. 가치 가설은 주제에 관한 심도 있는 조사를 바탕으로 만들어지며, 이전 모드에서 실시한 조사 결과와 통찰로 도출된 디자인 원칙을 토대로 한다.

HOW IT WORKS

1단계: 이전 모드의 결과물을 연구하라.

이전의 통찰, 기회, 원칙에 초점을 맞추라.

2단계: 가치 가설을 위한 구조를 세워라.

프로젝트 맥락에 관해 생각하고, 콘셉트 개발에 초점을 맞추기 위해 규정해야 하는 핵심 요소를 확인하라.

3단계: 옵션 목록을 만들고 반복하라.

조사와 통찰에 기초하여 가설 각 부분에 가능한 한 많은 옵션을 만들어라.

● 오른쪽 그림과 같이 다양하고 의미 있는 옵션들을 만들어보세요.

4단계: 옵션을 평가하고 가치 가설을 정의하라.

팀원과 함께 다양한 조합에 관해 토의하고, 어떤 것이 고객과 사용자 모두에게 가장 큰 가치를 전달하는지 평가하라.

WORK SHEET

아래와 같이 사용자에게 제공되는 가치를 증명하기 위해 요소들을 배치한 다음,

이를 전략적으로 연결하고 그 결과를 토의하세요.

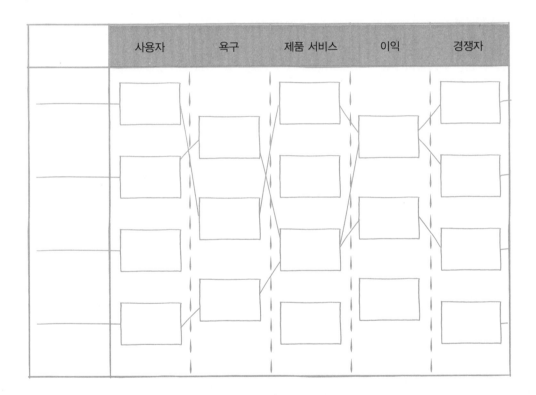

[전략적 가치 연결 지도]

TIPS

1. 먼저 브레인스토밍을 실시하고 편하게 작성하세요.

2. 가치를 연결하는 의미와 기준을 다양화하세요.

3. 대화 중 서로 개방성(openness)를 가지세요.

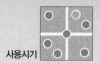
주변 콘셉트 탐구를 위해 사용자 성격 정의하기

WHAT IT DOES

여기서는 사용자 성격, 즉 목표한 혁신과 관련 있는 페르소나가 먼저 정의되고 기록된다. 잠재적 사용자 유형을 분석하고, 일련의 공유 속성에 따라 유형을 구조화하는 방식으로 페르소나를 정의한다. 콘셉트는 이 페르소나의 욕구를 만족시키고, 맥락에 들어맞도록 만들어져야 한다.

HOW IT WORKS

1단계: 잠재적 사용자 목록을 작성하라.

혁신의 잠재적 사용자 목록을 작성하라. 이 목록은 앞 모드에서 진행된 조사 결과를 토대로 작성되어야 한다.

2단계: 사용자 속성 목록을 작성하라.

프로젝트와 관련된 사용자 속성 목록을 작성하라(통계적, 정신적, 행동적, 기타 속성 가능).

3단계: 한정된 개수의 사용자 유형을 정의하라.

사용자를 공통된 속성으로 묶어라. 집중하고 더 효과적으로 의사소통하기 위해, 관리 가능한 개수(3~10개)의 사용자 유형을 목표로 하라.

4단계: 사용자 유형을 둘러싼 페르소나를 만들어라.

각 사용자 유형에 관한 구체적인 페르소나와 특징을 만들어라. 페르소나 이름은 연구 결과에 충실하고, 공감하기 쉬우며, 묘사적이고, 기억하기도 쉬워야 한다.

● 오른쪽 표와 같이 페르소나를 작성하세요. 반드시 이 항목으로 작성하지 않으셔도 됩니다. 자유롭게 작성해보세요.

5단계: 시각적 프로필을 만들어라.

각각의 페르소나를 위해 시각 자료를 만들고, 속성, 인용문, 일화 등을 정리할 수 있는 표준 서식을 규정하라.

아래와 같이 고객 유형에 관한 세부 내용을 기입하고 그 결과를 토의하세요.

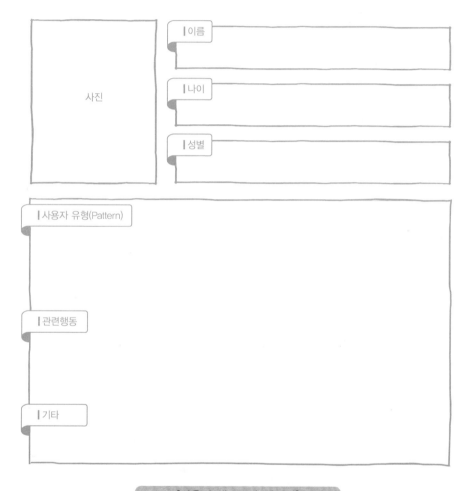

사진

| 이름

| 나이

| 성별

| 사용자 유형(Pattern)

| 관련행동

| 기타

[사용자 페르소나 정의서]

TIPS

1. 다양한 페르소나를 생성하세요.

2. 전략적으로 가장 적절한 페르소나를 고르세요.

3. 이 페르소나에 대한 개선점idea을 도출해보세요.

정의된 통찰과 원칙에 기반하여 콘셉트를 만들어낼 수 있는, 구조화된 세션 진행하기

WHAT IT DOES

이 과정은 미리 설정한 통찰, 원칙, 프레임워크 세트를 이용하여 콘셉트를 도출하는 과정이다. 여러 학문 배경을 가진 사람들을 불러 모으고 서로의 아이디어를 쌓아가도록 장려한다. 이 세션에서는 나쁜 아이디어란 없으니, 떠오르는 모든 생각들을 포착하라. 아이디어 평가는 나중에 하라.

HOW IT WORKS

1단계: 아이디에이션 세션을 계획하라.

팀원이 어떻게 상호작용하고, 일정을 짜며, 임무를 완수해야 하는지에 관한 가이드라인을 준비하라.

2단계: 다양한 전문가를 선정하라.

적절한 조합의 사람들을 회의에 포함하라.

3단계: 아이디에이션을 이끌기 위한 통찰, 원칙, 프레임워크를 구성하라.

모든 통찰, 원칙, 프레임워크를 모아라. 콘셉트 도출을 위한 활동 중에 그 요소들을 어떻게 제안하고 발표할지 결정하라.

4단계: 회의에 편안한 환경을 조성하라.

3~4명으로 구성된 많은 팀이 편안하게 활동할 수 있는 공간을 제공하라.

5단계: 세션을 시작하고 활동을 촉진하라.

진행자는 모든 팀과 관계를 맺고, 팀원이 집중하도록 돕고, 명확한 대화를 유도하고, 팀원의 참여를 격려하는 역할을 한다.

● 다소 황당한 아이디어도 칭찬하는 분위기에서 진행하세요. 그리고 모든 구성원이 협력적으로 아이디어 회의를 진행할 수 있도록 하고, 많은 아이디어를 낼 수 있는 분위기를 만드세요.

6단계: 콘셉트를 도출하라.

가능한 한 많은 아이디어를 생성하는 데 초점을 맞춰야 한다.

7단계: 아이디에이션 결과를 포착하고 요약하라.

이 콘셉트를 어떻게 더 개선하고 평가하고, 이들 중 어떤 것을 프로토타입으로 개발할지에 관해 토의하라.

WORK SHEET

아래와 같이 아이디어 용지를 가지고 아이디에이션 세션을 진행해보세요.

|아이디어 용지에 적어주세요.

제목 :
작성자:
개요:

그림으로 표현하세요.

[아이디에이션 세션]

TIPS

1. 거친!wild 아이디어를 환영하세요.
2. 개방적인 분위기에서 즐겁게 진행하세요.
3. 질보다 양이 우선입니다.

연구 통찰에 기반하여 포괄적이고 근거가 충분한 콘셉트 만들기

WHAT IT DOES

콘셉트 매트릭스는 분석을 통해 얻은 두 세트의 중요 요소를 사용하여 2차원 매트릭스를 만들고, 교차 지점에서 콘셉트를 탐구한다. 충실한 연구에 기반한 콘셉트 매트릭스는 아이디에이션을 위한 간단한 구조를 제공하며, 콘셉트를 탐구하는 구체적인 틀을 규정하여, 콘셉트의 정렬과 집중에 도움이 된다.

HOW IT WORKS

1단계: 매트릭스를 만들 2개의 요소 세트를 정하라.

'통찰 구조화하기' 모드에서 만든 통찰과 프레임워크를 다시 확인하라. 이들이 어떻게 가치 있는 콘셉트로 이어질지 추측하고, 상호작용할 2개의 요소 세트를 선택하라.

2단계: 매트릭스 셀을 콘셉트로 채워라.

요소들이 교차하는 지점에 관해 브레인스토밍 하라. 원한다면 각 콘셉트에 조그만 그림이나 다이어그램을 그려 넣어라. 콘셉트를 시각화하면 의사 전달과 공유에 도움이 된다.

● 셀들이 교차하는 지점에서 가급적 많은 아이디어를 내보려고 노력하세요. 다른 사람들의 생각을 존중하고, 다소 거친 아이디어도 환영하세요.

3단계: 추가 콘셉트 탐구를 실시하라.

더 많은 콘셉트 탐구를 위해, 조사를 통해 도출된 요소의 다른 세트들을 조합하여 다른 매트릭스를 만들어보라.

WORK SHEET

아래와 같이 가로축과 세로축에 통찰의 요소를 입력하고
그 요소들을 교차하여 새로운 아이디어와 콘셉트를 생성하세요.

	요소 A	요소 B	요소 C
요소 A			
요소 B			
요소 C			

[콘셉트 생성 매트릭스]

TIPS

1. 각각의 요소 도출 시 확장과 수렴의 사고를 하세요.
2. 새로운 관점의 요소를 투입하려 노력하세요.
3. 너무 머릿속으로 정리해서 말하려 하지 마세요.

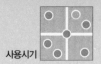
다른 사람의 관점에서 콘셉트 생성하기

What It Does

역할극 아이디에이션은 참가자가 콘셉트 영역 내에 존재하는 서로 다른 이해관계자의 역할을 하면서 브레인스토밍을 하는 접근법이다. 이해관계자에는 최종 소비자를 포함하여 디자이너, 엔지니어, 경영자, 마케터, 공급자, 파트너 등이 있다. 사용자가 중심이 되는 혁신에 익숙하지 못한 사람들을 준비시키는 과정으로 유용하다.

How It Works

1단계: 브레인스토밍 주제와 콘셉트 영역을 정하라.

브레인스토밍 주제는 분석 프레임워크, 디자인 원칙, 기회 마인드 맵, 가치 가설 등에서 도출된다.

2단계: 이해관계자를 확인하라.

고려할 수 있는 모든 이해관계자 명단을 만들고, 브레인스토밍 목적에 따라 가장 중요한 이해관계자를 우선 확인하라.

3단계: 역할극을 통해 콘셉트를 만들어라.

참가자에게 이해관계자의 역할을 부여하여 일정 시간 동안 특정 주제에 관한 브레인스토밍을 실시하라.

💬 서로 다른 사람의 입장에서 아이디어를 생성하세요.

4단계: 이해관계자와 토론하고 공유하라.

회의에서 도출된 콘셉트는 설명과 스케치를 포함하여 문서화하라.

아래와 같이 다른 이해관계자들의 입장에서 아이디어를 생성하는 시간을 갖습니다.

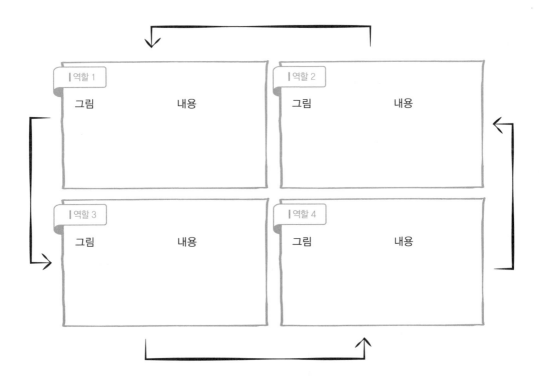

| 역할 1 |
| 그림 | 내용 |

| 역할 2 |
| 그림 | 내용 |

| 역할 3 |
| 그림 | 내용 |

| 역할 4 |
| 그림 | 내용 |

[역할극 아이디에이션]

TIPS

1. 아이디어에 제한을 두지 마세요.

2. 거친 아이디어도 환영하세요.

3. 재미있고 밝은 분위기에서 진행하세요.

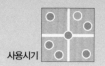

사용자 행위를 이해하고 콘셉트 도출을 위해 사용자 행위 상황 시뮬레이션하기

WHAT IT DOES

행위 프로토타입은 '콘셉트 탐험하기' 모드에서 사용되는 방법으로, 초기 콘셉트에 기반하여 모의 탐구물, 환경, 정보 또는 프로세스 등을 가지고 상황을 만들어 사용자들을 참여시킨다. 행위 프로토타입은 콘셉트나 솔루션 프로토타입과는 달리 사람들의 행위를 시뮬레이션하고 이해하는 데 초점을 맞추고 있으며, 콘셉트 기능 자체에는 집중하지 않는다.

HOW IT WORKS

1단계: 시뮬레이션 상황을 정하라.

사용자 행동을 잘 이해하는 데 필요한 구체적 상황을 확인하기 위해 콘셉트를 검토하라.

2단계: 시뮬레이션 환경을 준비하라.

참가자가 활동에 자유롭게 참여하여 핵심 행위를 드러낼 수 있도록 실제 또는 가상의 환경을 찾거나 만들어라.

3단계: 사용자를 시뮬레이션에 참여시켜라.

사용자를 시뮬레이션에 초대하고, 개인 혹은 그룹으로 참여시킬지 결정하며, 참가자를 독려하여 주위와의 상호작용을 촉진하라.

4단계: 관찰하고 문서로 작성하고 질문하라.

참가자의 참여에 영향을 끼치는 육체적, 인지적, 사회적, 문화적, 감성적 요소들을 기록하라. 활동 후 인터뷰를 실시하라.

5단계: 분석하고 반복하라.

비디오와 노트에서 관찰한 내용을 모으고, 행위 패턴을 찾기 위해 분석하라. 그런 다음 콘셉트가 주요한 사용자 행위를 뒷받침할 때까지 위의 단계를 반복하라.

WORK SHEET

아래와 같이 행위 프로토타입에 의한 참가자들의 반응을 관찰하고 아이디어를 생성합니다.

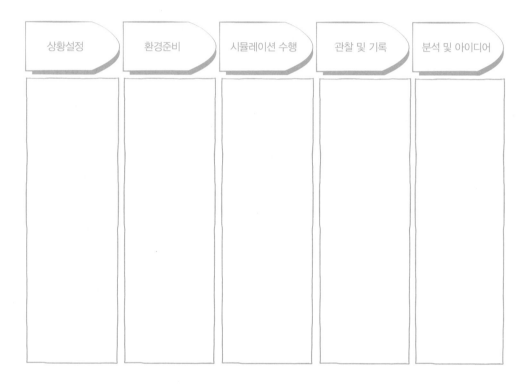

상황설정	환경준비	시뮬레이션 수행	관찰 및 기록	분석 및 아이디어

[행위 프로토타입]

TIPS

1. 참가자가 선택 가능한 옵션을 많이 제공하세요.

2. 세부적인 것까지도 관찰하세요.

3. 분석 이후 어떠한 아이디어도 환영하세요.

사용자 피드백을 위해 콘셉트를 유형의 형태로 만들기

WHAT IT DOES

콘셉트 프로토타입은 잠재적 사용자가 체험할 수 있는 물리적 형태를 제공함으로써 프로젝트 팀원과 잠재적 사용자들이 초기 콘셉트의 적용 가능성을 평가하는 데 사용된다. 이 방법에서 드러나는 것은 일종의 '실제 점검'으로서, 프로젝트 팀이 콘셉트를 어떤 방향으로 진화시켜야 할지에 관해 다양한 결정을 내리도록 도와준다.

HOW IT WORKS

1단계: 프로토타입 제작 콘셉트를 찾아라.

콘셉트를 검토하여 실재하는 형태로 구현함으로써 얻게 되는 가장 큰 이익을 파악하라.

2단계: 프로토타입 제작을 위한 공간을 마련하고, 배우기 위해 만들어라.

콘셉트 프로토타입을 만들고 테스트할 수 있는 공간을 찾아 확보하고, 사용할 재료와 도구를 모아라.

3단계: 프로토타입을 검토하고 테스트하고 토론하라.

중요 콘셉트 개선에 관한 통찰들을 만들어라. 검토는 대안 콘셉트를 탐색하고, 서로 다른 프로토타입의 특성을 결합하고, 반복을 위한 방향성을 제공하는 기회다.

💬 어떤 형태의 프로토타입도 상관없습니다. 가장 쉽게, 그리고 가장 의미 있게 사용자 반응을 얻을 수 있는 것이면 됩니다. 너무 정교하게 하지 말고, 콘셉트의 특징을 파악할 수 있는 정도면 됩니다.

4단계: 프로토타입을 수정하고 반복하라.

기존의 프로토타입을 수정하거나 검토 프로세스에서 모아진 입력 자료를 반영하여 새로운 프로토타입을 만들어라.

5단계: 중요한 배움을 요약하라.

추가 개발에 관한 결정 사항을 강화하기 위해 팀원 및 이해관계자에게 정보를 공유하라.

WORK SHEET

도출한 콘셉트를 프로토타입으로 만드는 방법에는 아래와 같이 4가지가 있으며
프로젝트의 성격에 따라 적절한 방법을 선택하면 됩니다.

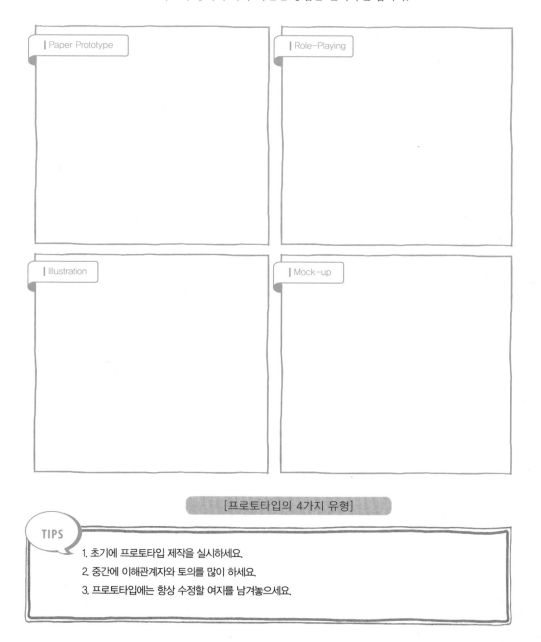

| Paper Prototype

| Role-Playing

| Illustration

| Mock-up

[프로토타입의 4가지 유형]

TIPS

1. 초기에 프로토타입 제작을 실시하세요.
2. 중간에 이해관계자와 토의를 많이 하세요.
3. 프로토타입에는 항상 수정할 여지를 남겨놓으세요.

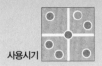

추상적 개념의 작용 원칙을 보여주기 위해 콘셉트를 스케치로 시각화하기

What It Does

콘셉트 스케치는 아이디어를 구체적인 형태로 바꿈으로써, 단어로 표현되는 추상적 아이디어보다 더 쉽고 빠르게 이해하며, 토론과 평가를 쉽게 만든다. 스케치를 반복하고 팀 구성원의 스케치에 반응하는 과정을 통해, 추상적 사고에 근거한 아이디에이션보다 더 새로운 콘셉트나 보조 콘셉트 또는 콘셉트 개선을 얻을 수 있다.

How It Works

1단계: 팀원에게 스케치 임무를 부여하라.

원활한 작업 프로세스를 위해, 몇몇 팀원에게 스케치하는 역할을 부여하라.

2단계: 만들어놓은 콘셉트의 초기 설명을 모아라.

스케치는 사전에 준비하여 토론을 위한 소도구로 배포할 수도 있고, 토론 활성화를 위해 즉석에서 그릴 수도 있다. 종종 이 방법들을 함께 사용한다.

3단계: 중요한 아이디어를 스케치하라.

하나의 아이디어를 하나의 그림으로 표현하라. 하나의 대표적인 이미지에서 아이디어를 포착하라.

● 처음부터 너무 상세하게 그리기보다는 특징 위주로 간단히 그리는 것이 좋습니다.

4단계: 개략적인 구상 스케치에서 좀 더 구체적인 구상 스케치로 이동하라.

초기에는 빠른 시각화에 충분한 정도로 개략적인 구상 스케치에 집중하라. 추후에는 콘셉트를 보다 사실적으로 나타내기에 적합한 구체적 구상 스케치로 옮겨 갈 수 있다.

5단계: 모든 스케치를 포착하고 토론하라.

팀원과 함께 모든 스케치를 검토하고, 질적인 측면을 토론하고, 이슈를 파악하고, 콘셉트를 반복하고, 심화적 관심이 필요한 곳에 관한 초기 영감을 얻어라.

WORK SHEET

아래의 빈 공간에 콘셉트의 특징을 살려 자유롭게 스케치해보세요.

| 어떠한 형태로든 자유롭게 그려보세요

[콘셉트 스케치]

TIPS

1. 그림을 너무 정교하게 잘 그릴 필요는 없습니다.

2. 내용 중에서 핵심을 부각하여 표현하세요.

3. 필요한 경우 내용을 간단하게 덧붙이세요.

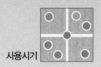
사용자와 맥락의 특징을 보여주는 실제 이야기로써, 콘셉트를 삽화로 보여주기

WHAT IT DOES

프로젝트 주제와 관련된 상황에서 잠재 고객이 콘셉트를 어떻게 사용하는지를 연속적인 스케치, 삽화 또는 사진 콜라주 등으로 표현하는 간단한 시나리오를 만든다. 시나리오를 통해 콘셉트를 보면 그 아이디어를 상상하는 시작 단계에서는 분명하지 않았던 문제를 파악하는 데 도움이 된다.

● 콜라주 : 각양각색의 것을 잘라 붙이는 기법. 사진, 인쇄물 등을 구하여 붙이고 우연의 효과로 비유와 상징을 나타나게 함으로써, 보는 사람의 연상 작용에 강하게 호소하는 방법입니다.

HOW IT WORKS

1단계: 시나리오 제작을 위한 콘셉트를 선택하라.

만들어진 시나리오를 검토하고, 실제 환경을 '상상'하면서 더 확실할 것들을 떠올려라.

2단계: 콘셉트가 어떻게 작용할지 보여주는 시나리오를 상상하라.

콘셉트를 듣고, 잘 이해하고, 이 콘셉트가 작동되는 상황을 생각하라. 모든 사례를 모아 하나의 스토리로 묶어라.

3단계: 시나리오를 만드는 동안 콘셉트를 다시 생각하라.

사용자와 맥락에 관해 상상하면서, 원래의 콘셉트를 재고할 필요가 있음을 깨달을 수도 있다. 콘셉트를 수정하거나 강화하라.

4단계: 시나리오에 삽화를 넣어라.

삽화는 단지 콘셉트의 주요 측면만을 다룬다. 혼란스럽게 하거나 이야기의 주된 흐름에서 벗어나게 할 수 있는, 관련 없는 세부 사항은 피하라.

5단계: 시나리오에 관해 토론하고 콘셉트를 확장하라.

사용자와 맥락에 추가적인 가치를 어떻게 더할 수 있을지 토론하라. 그 가치를 높일 수 있는 방법을 생각하고, 더 나은 콘셉트 구축으로 이동하라.

WORK SHEET

아래와 같이 도출한 콘셉트를 어떤 형태의 스토리로 구성하고
이를 삽화로 만들어 좀 더 이해하기 쉽게 전달합니다.

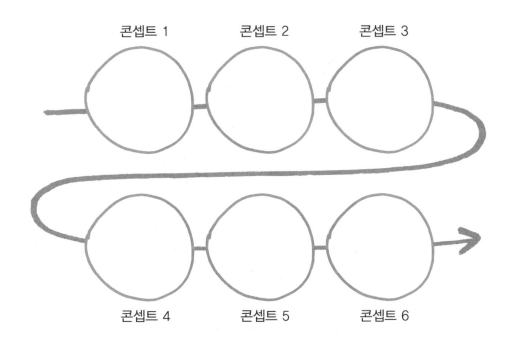

콘셉트 1   콘셉트 2   콘셉트 3

콘셉트 4   콘셉트 5   콘셉트 6

[콘셉트 시나리오]

TIPS

1. 시나리오의 일정한 순서, 시간, 상황, 스토리 등을 정하세요.

2. 콘셉트의 핵심 내용들을 놓치지 않도록 유의하세요.

3. 여러 가지 관점을 개방적으로 수용하세요.

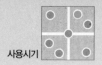
콘셉트들을 결합하고 일반화하고 관련된 그룹으로 구조화하기

WHAT IT DOES

콘셉트 분류는 모든 콘셉트를 살펴보고, 논리적으로 정리하며, 그룹으로 분류하기 위한 노력이다. 콘셉트는 대부분 집중적인 아이디에이션 세션에서 만들어진다. 그러나 통찰 구조화하기, 사람 이해하기, 맥락 파악하기, 목적 탐지하기 등 혁신 프로세스의 어떤 단계에서든 만들어질 수 있다. 집중적인 아이디에이션 세션에서 만들어지는 콘셉트뿐 아니라 이 모든 콘셉트를 포함하는 분류 작업이 필요하다.

HOW IT WORKS

1단계: 만들어진 콘셉트를 모아라.

아이디에이션 세션과 다른 모든 방법 및 모드에서 만들어진 콘셉트를 전부 한곳에 모아라.

2단계: 콘셉트의 수준을 통일하고 일반화하라.

서로 다른 유형의 콘셉트를 같은 수준의 복잡도나 추상성으로 고쳐 일반화하라. 비슷해 보이지만 약간 다르게 이야기된 콘셉트들을 결합하라.

3단계: 콘셉트를 분류하라.

프로젝트팀에서 합의한 논리를 기준으로 콘셉트를 분류하라. 가장 일반적인 논리는 콘셉트 간의 유사성이다.

● 오른쪽 그림과 같이 콘셉트를 분류할 수 있는 임의의 키워드를 설정하고, 그 기준으로 분류해보세요.

4단계: 콘셉트를 개선하고 새로운 콘셉트를 만들어라.

콘셉트를 분류하는 동안 토론을 통해 새로운 콘셉트가 생기기도 한다. 토론할 때 제안된 사항에 따라 기존의 콘셉트를 개선하라.

5단계: 콘셉트 그룹을 검토하고 토론하라.

그룹화된 콘셉트의 진정한 본질이 반영되도록 그룹에 이름을 붙여라. 결과로 만들어진 그룹들에 관해 토론하고, 콘셉트를 이동하거나 새로운 콘셉트를 더하는 등의 방법으로 그룹을 개선하라.

WORK SHEET

아래와 같이 콘셉트를 분류할 때 어떤 의미와 기준을 부여하고

이 키워드에 의해 콘셉트를 분류하고 그 결과를 토의합니다.

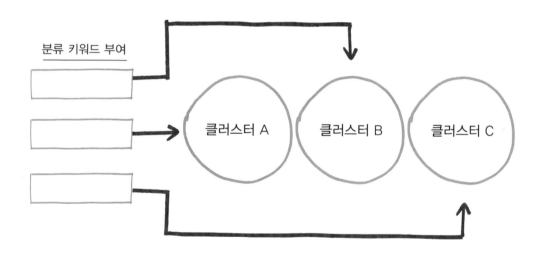

분류 키워드 부여

클러스터 A   클러스터 B   클러스터 C

[키워드를 동한 콘셉트 분류]

TIPS

1. 키워드를 정할 때 새로운 의미와 기준점을 환영하세요.

2. 소외되어 있는 콘셉트도 버리지 말고 새로운 관점으로 바라보세요.

3. 클러스터를 너무 크게 만들려고 하지 마세요.

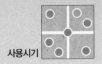

콘셉트 간의 관계를 점수로 매기고, 콘셉트 그룹 밝혀내기

WHAT IT DOES

콘셉트 그룹화 매트릭스는 콘셉트 간 관계를 점수화하고, 각 항목의 상호 유사성에 기반하여 그룹으로 정렬하는 방법이다. 매트릭스 셀은 해당되는 두 콘셉트 간의 상호작용을 나타낸다. 콘셉트를 집단화하는 데 가장 많이 사용되는 관계는 '유사성'으로, 한 콘셉트가 다른 것과 얼마나 비슷한지를 드러낸다. 결과로 얻어진 콘셉트 그룹은 서로 유사한 콘셉트를 대표한다.

HOW IT WORKS

1단계: 콘셉트 목록을 편집하라.

다양한 활동으로 도출된 모든 콘셉트를 모으고 하나의 목록으로 편집하라.

2단계: 매트릭스를 만들고, 콘셉트 간의 관계에 점수를 매겨라.

동일한 콘셉트 목록을 양쪽 축으로 하는 상호작용 매트릭스를 만들어라. 각 콘셉트를 매트릭스의 다른 콘셉트에 대응하여 관련성 강도를 드러낼 수 있도록 점수를 매겨라.

3단계: 매트릭스를 정렬하고 콘셉트 그룹을 확인하라.

점수가 비슷한 두 개의 열 또는 행이 가까워지도록 매트릭스 행과 열을 하나씩 옮겨서 수동으로 정렬할 수 있다. 이런 방법으로 행과 열을 몇 번 이동하면 주체들이 그룹을 나타내며 재정렬된다.

4단계: 콘셉트 그룹을 정의하고, 이름을 붙여라.

매트릭스 안에서 눈으로 보이는 그룹 뒤에 숨겨진 논리에 관해 토론하라. 피드백과 심화 개발을 위해 이해관계자들과 공유할 수 있도록 설명과 스케치를 더해 문서화하라.

아래와 같이 소프트웨어를 활용하여 콘셉트 간 연관성을 감안한

클러스터링을 실시하고, 콘셉트 그룹을 발견하세요.

소프트웨어를 활용하는 방법

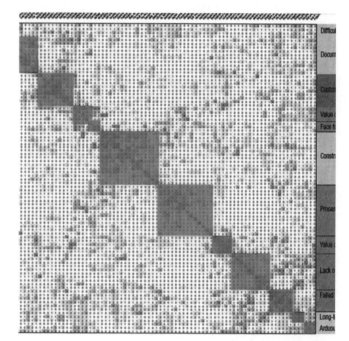

* Software: 이노펙토리 제공

💬 프로그램은 http://goo.gl/gQHCDy로 오셔서 이름, 소속, 직책, 연락

처, 이메일, 용도를 입력해주시면 파일을 보내드립니다.

[콘셉트 그룹화 매트릭스]

TIPS

1. 소프트웨어의 실행 순서를 잘 준수하여 진행하세요.

2. 여럿이 모여서 실시하면 효과적입니다.

3. 작은 클러스터도 의미 있게 바라보려고 노력하세요.

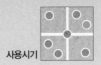

사용자, 공급자, 이해관계자에게 제공하는 가치에 따라 콘셉트 등급 매기기

WHAT IT DOES

콘셉트 평가는 사용자와 공급자에게 얼마나 큰 가치를 제공하는지에 따라 콘셉트를 평가하는 것이다. 콘셉트는 사용자 가치와 공급자 가치의 점수로 평가된다. 두 점수는 좌표로 변환되어, 산포도 다이어그램 상에 콘셉트를 표시할 수 있다. 이것은 모든 콘셉트를 비교함으로써 어떤 콘셉트를 개발해야 하며, 균형 잡힌 조합을 만들려면 상호보완적인 콘셉트를 어떻게 결합해야 하는지 결정하기 위한 토대가 된다.

HOW IT WORKS

1단계: 평가 대상 콘셉트 목록을 모아라.

콘셉트에 관한 토론과 충분한 검토, 결합과 재결합 등으로 평가를 위한 콘셉트를 정의하라.

2단계: 사용자 · 공급자 가치 기준을 만들어라.

사용자 조사로 밝혀진 원칙을 참조하여 목표 사용자에게 가장 중요한 이익을 결정하라. 또한 공급자에게 중요한 이익을 결정하기 위해 문헌 조사에서 발견한 것을 참조하라.

3단계: 콘셉트 평가 매트릭스를 만들어라.

첫 번째 열에는 콘셉트를 열거하고, 오른쪽에는 사용자 가치와 공급자 가치 기준을 별도 섹션으로 배치하여 스프레드시트를 만들어라.

4단계: 콘셉트에 점수를 매겨라.

사용자 가치와 공급자 가치에 따라 각 콘셉트 점수 척도를 결정하라. 콘셉트의 점수를 합산하고, 기준의 끝에 있는 '합계'란에 기록하라.

5단계: 콘셉트를 지도 위에 표시하라.

사용자 가치와 공급자 가치를 세로축과 가로축으로 하는 지도를 그려라.

6단계: 콘셉트 분포를 분석하라.

각 축의 최고 점수를 연결하는 선을 그어라. 이 선은 지도를 두 개의 삼각형으로 나눈다. 사용자 가치와 공급자 가치가 모두 높은 삼각형 영역에 있는 콘셉트는 우선순위가 높은 것으로 간주된다.

7단계: 발견된 것을 공유하고, 토론하라.

가치가 높은 콘셉트에 관심을 쏟아야겠지만, 낮은 가치의 삼각형 영역에 있는 콘셉트와 높은 가치의 콘셉트를 결합한 형태 역시 깊이 있게 연구할 필요가 있다.

아래와 같이 표를 통하여 콘셉트를 평가한 다음, 매트릭스를 그려 시각적으로 표시하세요

1. 콘셉트를 각각의 관점에 따라 1~5(높음)로 평가하세요.

	콘셉트 1	콘셉트 2	콘셉트 3	콘셉트 4	콘셉트 5
사용자 가치					
공급자 가치					
합계					

2. 각 콘셉트의 점수에 맞게 매트릭스 위에 점으로 표시하세요.

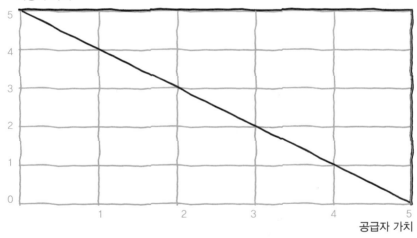

[콘셉트 평가 매트릭스]

TIPS

1. 각각의 콘셉트를 객관적으로 평가하세요.

2. 위 지도에서 검은색 세모 안의 콘셉트에 유의하여 살펴보세요.

3. 점수가 낮은 콘셉트라 하더라도 점수가 높은 콘셉트와 연결될 부분이 있는지 살펴보세요.

새로운 콘셉트 도입으로 이해관계자 사이에서 가치가 어떻게 이동하는지 보여주기

WHAT IT DOES

규범적 가치 웹은 시스템 안의 모든 이해관계사를 교점으로 보여주는 네트워크 다이어그램이
다. 규범적 가치 웹은 서술적 가치 웹과 유사하게, 통상적인 가치 흐름으로 돈과 정보, 재료, 서
비스 등을 활용한다. 또한 기타 무형 가치인 선의, 고객 충성도, 감성적 교감 등을 추적하는 데도
활용될 수 있다.

HOW IT WORKS

1단계: 이해관계자/콘셉트 목록을 만들어라.

시각화하고자 하는 중요한 콘셉트에 영향받
을 수 있는 이해관계자 목록을 만들어라.

2단계: 관련된 가치 흐름을 설명하라.

콘셉트 결과에 따라 교환될 가치 범위를 생각
하라. 돈, 정보, 재료, 서비스와 같은 일반적 가
치를 넘어서는 가치, 즉 영업권과 고객 충성도
등을 고려하라.

3단계: 규범적 가치 웹 초안을 작성하라.

이해관계자를 나타내는 교점, 가치 흐름을 나
타내는 링크(화살표)로 네트워크 다이어그램
을 그려라.

● 오른쪽 그림처럼 가치 웹을 표현하는데, 이
　때 관련 전문가의 의견을 포함하면 보이지
　않는 가치 흐름을 표현하는 데 큰 도움이 됩
　니다.

**4단계: 규범적 가치 웹과 서술적 가치 웹을 비교
하라.**

'맥락 파악하기' 모드에서 개발한 서술적 가치
웹을 참조하여 규범적 가치 웹과 나란히 놓고,
도입하고자 하는 콘셉트가 현재 시스템에 새
로운 가치를 더함으로써 시스템이 어떻게 달
라질지 파악하라.

5단계: 가치 웹을 검토하고 개선하라.

근본적인 가정을 시험하기 위해 팀원 및 전문
가들과 함께 가치 웹에 관해 토론하라.

WORK SHEET

아래와 같이 각 이해관계자들이 주고받는 가치를 규명하여 전체적으로 표현해보세요.

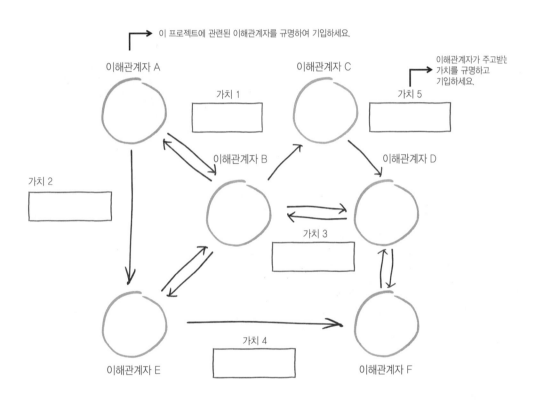

이 프로젝트에 관련된 이해관계자를 규명하여 기입하세요.

이해관계자 A

이해관계자 C

가치 1

이해관계자가 주고받는 가치를 규명하고 기입하세요.

가치 5

이해관계자 B

이해관계자 D

가치 2

가치 3

이해관계자 E

가치 4

이해관계자 F

[규범적 가치 웹]

TIPS

1. 보이지 않는 이해관계자를 찾는 것이 매우 중요합니다.

2. 가치의 흐름을 발견하고 핵심적인 부분을 도출해보세요.

3. 규범적 가치 웹을 그릴 때 전문가를 참여시키는 것도 좋은 방법입니다.

사용시기

콘셉트 시스템과 솔루션 개발을 위해, 상호보완적 아이디어를 연결하고 결합하기

WHAT IT DOES

바람직한 체계적 솔루션 개발을 위해서는 상호보완적이고 높은 가치를 지닌 콘셉트를 결합해야한다. 콘셉트 연결 지도는 높은 가치의 콘셉트를 확인하고, 상호보완적인 콘셉트를 결합하기 위한 방법이다. 이 결과로 얻어진 솔루션은 폭넓은 욕구와 디자인 원칙을 만족시킬 수 있다.

HOW IT WORKS

1단계: 콘셉트의 사용자 가치와 공급자 가치를 점수화하라.

사용자 조사와 맥락 조사 결과에 근거하여, 콘셉트가 지녀야 하는 중요한 사용자 가치와 공급자 가치 목록을 결정하라. 콘셉트를 모든 기준으로 평가하고 총점을 입력하라.

2단계: 지도에 콘셉트를 표시하라.

사용자 가치와 공급자 가치를 세로축과 가로축으로 하는 지도를 그려라. 각 콘셉트별 사용자 가치와 공급자 가치의 합계 점수를 지도 위에 표시하라.

3단계: 지도 위에 나타난 패턴을 관찰하라.

두 축의 최고 점수를 선으로 연결하라. 이 선은 지도를 두 개의 삼각형으로 나눈다. 사용자 가치와 공급자 가치가 모두 높은 삼각형 영역에 있는 콘셉트는 우선순위가 높은 것으로 간주되므로 더 높은 관심을 두어야 한다.

● 오른쪽 그림처럼 지도 위에 표시된 관련성이 있는 콘셉트들을 연결하되, 새로운 의미와 기준을 부여하여 서로 연결하세요. 이때 아래쪽에 표시되어 가치가 적은 콘셉트라하더라도 관련성이 있는지 찾아보세요.

4단계: 콘셉트를 솔루션으로 결합하라.

높은 가치의 콘셉트에 집중하는 것이 논리적이지만, 지도 상에서 낮은 가치에 위치한 콘셉트도 고려하라.

5단계: 각 솔루션을 설명하고 공유하고 토론하라.

다양한 콘셉트가 어떻게 하나의 독특한 솔루션으로 작용하는지에 관한 짧은 설명을 붙여라.

---- WORK SHEET ----

아래와 같이 매트릭스 위에 각 콘셉트의 점수에 맞게 점으로 표시하고,

관련 있는 콘셉트들은 서로 연결하여 상위의 콘셉트를 생성하세요.

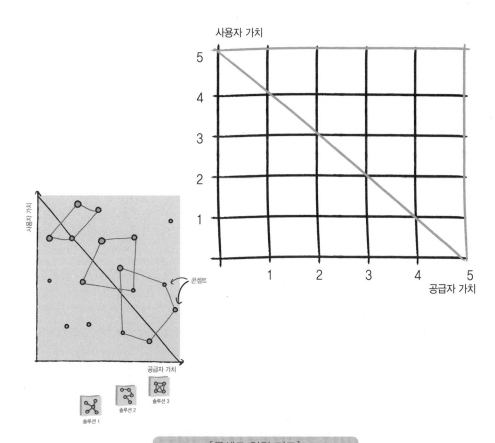

[콘셉트 연결 지도]

1. 각자의 해석과 기준이 다를 수 있으니 상대방의 의견을 존중하세요.

2. 점수가 낮은 콘셉트라 하더라도 점수가 높은 콘셉트와 연결될 부분이 있는지 살펴보세요.

3. 작은 콘셉트 하나가 큰 솔루션을 제시할 수도 있습니다.

미래 발생 가능한 상황을 예측하여 솔루션 만들기

What It Does

예측 시나리오는 새로운 트렌드에 기반하여 가상의 미래를 생각한 다음, 그런 상황에 충족하는 대안 솔루션을 디자인하는 방법이다. 여기서는 시나리오와 가능한 미래 상황의 기록을 위해 종종 4분면 지도를 사용한다. 표시된 지도는 이후 전체적 솔루션 형성을 위해 상호보완적인 콘셉트를 결합하는 데 사용될 수 있다.

How It Works

1단계: 트렌드 목록을 만들고, 가장 중요한 것을 선택하라.

프로젝트에 관한 중요성을 기준으로 각 트렌드에 점수를 매기고, 가장 중요한 트렌드 3개를 선정하라.

2단계: 선택한 트렌드에 관련된 콘셉트를 찾아라.

1단계에서 도출한 트렌드를 적고, 각 트렌드에 관련된 콘셉트들을 찾아서 배치하라.

3단계: 콘셉트를 연결하여 시나리오를 만들어라.

의미상으로 관련된 콘셉트들을 연결하여 시나리오를 만든 다음, 각 시나리오에 맞는 이름을 붙이고 서로의 관계를 살펴보라.

● 각각의 시나리오가 가지는 의미와 가치에 관하여 논의하고 이를 표현해보세요.

4단계: 각 솔루션에 관해 간단한 요약을 적어라.

가능한 미래 시나리오에서 솔루션이 어떻게 작동하는지, 그리고 다양한 콘셉트가 어떻게 서로 보완하며 작동하는지 설명하라.

WORK SHEET

아래 왼쪽 그림과 같이 트렌드에 맞는 예측 시나리오를 작성해보세요.

각 트렌드의 내용을 반영하여 콘셉트를 배치해보세요.

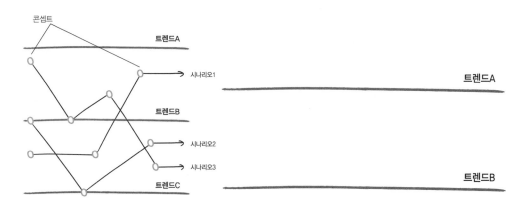

트렌드A

_____

트렌드B

_____

트렌드C

_____

[예측 시나리오 지도]

TIPS

1. 프로젝트와 관련된 트렌드를 선별해보세요.
2. 트렌드의 근접성에 대하여 생각해보세요.
3. 특징적인 부분을 확인하고 그 이유를 파악하세요.

시스템 솔루션의 작동 방식을 설명하는 이야기 구성하기

WHAT IT DOES

솔루션 스토리보드는 이미지와 말로 구성된 일련의 스케치로, 콘셉트 시스템의 모든 부분이 실제 상황에서 어떻게 함께 작동하는지를 설명하는 이야기 장면들로 구성되며 모든 이야기는 순서대로 정렬된다. 어떤 일이 일어나는지 묘사하는 데 그치지 않고, 다양한 콘셉트가 여정 중에 어떻게 가치를 더하는지 설명한다. 이 방법은 콘셉트를 전달할 뿐 아니라 콘셉트를 개선할 수 있다. 스토리보드는 언어로 된 프로토타입이다.

HOW IT WORKS

1단계: 솔루션을 충분히 이해하고 시작하라.

시스템 솔루션과 관련 콘셉트를 검토하라.

2단계: 캐릭터들을 만들고, 경험을 묘사하라.

전형적 사용자를 대표할 수 있는 캐릭터를 만들어라. 캐릭터가 겪는 경험을 묘사하라.

3단계: 여정을 설계하라.

상황을 상상하며 사용자 여정을 설계하라. 여행 중에 사용자가 콘셉트를 만나는 지점을 지도 위에 표시하라. 각 만남에서 무슨 일이 벌어지는지 짧은 설명을 붙여라. 이야기에 드라마 요소를 도입하여 청중을 사로잡고, 가능한 미래 비전에 빠져들게 하라.

4단계: 솔루션 스토리보드를 만들어라.

시나리오를 프레임 단위의 스토리보드로 보여주어라. 솔루션에 녹아 있는 콘셉트를 시각화하기 위해 스케치를 이용하라.

💬 가급적 구체적으로 스케치하여 콘셉트를 정교하게 설명하려고 노력하세요.

5단계: 스토리를 검토하고 시연하라.

이야기를 이해관계자에게 들려주고 피드백을 받아 검토하고, 이를 정제하여 콘셉트에 추가하라.

아래와 같이 도출한 콘셉트의 특징에 맞게 스토리보드를 그려서 표현하세요.

[솔루션 스토리보드]

TIPS

1. 스케치 형식을 이용하세요.

2. 정교하게 그리는 것이 좋습니다.

3. 매끄럽게 연결되도록 하세요.

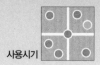
솔루션에 대한 사용자의 개입 방식을 이해하기 위해 경험 시뮬레이션하기

WHAT IT DOES

솔루션 프로토타입은 제안된 솔루션에 대한 프로토타입을 만든 다음, 미리 계획된 사용자 활동을 관찰하는 방법이다. 상호작용을 관찰하여 정보를 모으고, 비디오 녹화나 노트 필기로 기록한다. 그런 다음 사용자의 경험, 제안된 솔루션에 미칠 수 있는 영향 등을 이해하기 위해 조사 결과를 분석한다.

HOW IT WORKS

1단계: 프로토타입 제작을 위한 솔루션과 경험을 찾아라.

솔루션들을 검토하여 프로토타입을 만들고 학습할 대상을 찾아라.

2단계: 프로토타입을 만들고 테스트 환경을 준비하라.

솔루션을 구성하는 콘셉트의 프로토타입을 만들어라. 그리고 핵심 활동을 수행할 수 있는 장소를 찾아라.

3단계: 프로토타입과 상호작용할 수 있도록 사용자를 참여시켜라.

사용자를 시뮬레이션 참가자로 초대하라. 프로토타입을 체험하도록 안내하라.

4단계: 프로토타입과의 상호작용을 관찰하고 문서화하라.

프로토타입에 대한 참가자의 상호작용을 관찰하라. 참가자가 프로토타입에 관여할 때 영향을 주는 인지적, 물리적, 사회적, 문화적, 감성적 요소에 주목하라. 비디오와 노트 필기를 통해 모든 활동을 기록하라.

5단계: 프로토타입을 분석하고 반복하라.

노트 필기와 비디오 촬영으로 수집된 관찰 결과를 모으고, 행동 패턴을 분석하라. 시뮬레이션에서 발견한 것에 근거하여 관찰 결과물에 관해 토론하고 검토하라. 솔루션 시스템이 모든 이해관계자에게 긍정적 경험을 제공했다는 확신이 들 때까지 위의 과정을 반복하라.

WORK SHEET

아래와 같이 프로토타입을 만든 후 실제 사용자들이 어떻게 사용할 수 있는지,

반응은 어떠한지를 관찰하고 기록해주세요.

| 시행 일시

| 시행 장소

| 관찰 및 인터뷰 내용

| 솔루션 수정 사항

[솔루션 프로토타입과 관찰 노트]

TIPS

1. 초기에 프로토타입을 구현하세요.

2. 완성된 프로토타입을 가지고 프로젝트 이해관계자와 토의하세요.

3. 프로토타입은 언제든지 바뀔 수 있음을 명심하세요.

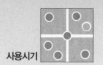

사용자, 공급자, 이해관계자에게 제공되는 가치를 기준으로 솔루션 등급 매기기

WHAT IT DOES

이 방법은 형태를 지닌 솔루션을 평가하는 데 도움이 된다. 솔루션은 사용자 가치 점수와 공급자 가치 점수를 축으로 하는 지도 위에 표시된다. 지도는 분포 패턴을 드러내고, 사용자와 공급자 가치 조합에 근거하여 프로토타입을 평가하도록 돕는다. 이 방법은 어떤 프로토타입을 계속 추진하고 어떤 것을 변경할지 결정하는 데 도움을 준다.

HOW IT WORKS

1단계: 사용자와 공급자 가치 기준을 만들어라.

목표 사용자에게 가장 중요한 특성과 이익을 결정하기 위해, 사용자 조사에서 도출한 디자인 원칙과 통찰을 검토하라. 또한 공급자에게 가장 이익이 되는 것이 무엇인지를 결정하라.

2단계: 솔루션 평가 매트릭스를 만들어라.

첫 번째 열에는 솔루션 목록을 나열하고, 오른쪽에 사용자 가치와 공급자 가치 기준을 두 개의 별도 섹션으로 배치하는 스프레드시트를 만들어라. 각 사용자 가치와 공급자 가치 섹션에 총 가치 열을 추가하라.

3단계: 콘셉트에 점수를 매겨라.

사용자 가치와 공급자 가치에 따라 각 솔루션에 매길 점수 척도를 결정하라. 각 솔루션 점수를 합산하고, 각 기준의 끝에 있는 '합계' 열에 기록하라.

4단계: 솔루션을 지도에 표시하라.

사용자 가치와 공급자 가치를 세로축과 가로축으로 하는 지도를 그려라.

5단계: 솔루션 분포를 분석하라.

각 축의 최고 점수를 연결하는 선을 그어라. 사용자 가치와 공급자 가치가 모두 높은 삼각형 영역에 있는 솔루션들은 우선순위가 높은 것으로, 심화 개발을 위하여 더 많은 주의를 기울일 필요가 있다.

6단계: 발견된 것을 공유하고, 다음 단계에 관해 토론하라.

심화 개발을 위해서는 가치가 높은 솔루션들에 집중해야겠지만, 낮은 가치의 삼각형 영역에 있는 솔루션과 높은 가치의 솔루션을 결합한 형태 또한 심화 개발 대상이 될 수 있음을 고려하라.

아래와 같이 표를 통하여 솔루션을 평가한 다음, 매트릭스를 그려 시각적으로 표현하세요.

1. 솔루션을 각각의 관점에 따라 1~5(높음)로 평가하세요.

	솔루션 1	솔루션 2	솔루션 3	솔루션 4	솔루션 5
사용자 가치					
공급자 가치					
합계					

2. 각 솔루션의 점수에 맞게 매트릭스 위에 점으로 표시하세요.

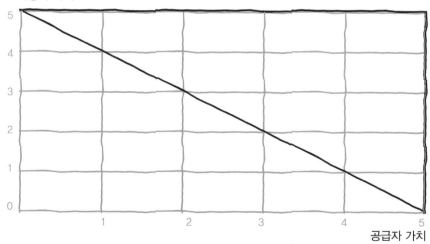

[솔루션 평가 매트릭스]

TIPS
1. 각각의 솔루션을 객관적으로 평가하세요.
2. 위 지도에서 검은색 세모 안의 콘셉트에 유의해서 살펴보세요.
3. 점수가 낮은 솔루션이라 하더라도 점수가 높은 솔루션과 연결될 부분이 있는지 살펴보세요.

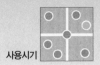

솔루션이 단계별로 어떻게 구현되는지 계획하기

WHAT IT DOES

솔루션 로드맵은 솔루션 실행 계획을 어떻게 세우는지 시각적으로 보여준다. 로드맵은 개별 솔루션이 어떻게 독자적으로 진화하는지, 때로는 서로 다른 두 개의 솔루션으로 나뉘어 나란히 진화하는지를 보여준다.

HOW IT WORKS

1단계: 초기 타임라인을 개발하라.

다양한 솔루션 실행에 필요한 기간을 예측하라. 전술적인 단기 솔루션은 12~24개월 이내에 일어날 것으로 예상되는 내용이다.

2단계: 솔루션을 타임라인에 배치하라.

전체 솔루션을 검토하고, 시간순으로 타임라인 위에 배치하여 시각화하라. 솔루션 실행에 필요한 다양한 범위의 행동을 고려하라.

3단계: 조직 목표에 부합하게 솔루션을 조정하라.

초기에 정리된 솔루션을 점검하라. 목표와 행동이 잘 부합할 수 있도록 타임라인 위에 솔루션들을 재배열하라.

4단계: 로드맵을 설명하라.

다양한 솔루션 간 관계의 본질을 설명하라. 각각의 논리를 설명하는 간단한 요약문을 작성하라. 가지는 솔루션 전체 시스템에 어떻게 기여하고 어떤 가치를 창출하는지 설명하라.

5단계: 로드맵을 공유하고 토론하고 구현을 위한 세부 사항으로 이동하라.

로드맵의 시각 자료와 설명을 이해관계자에게 공유하라. 조직 목표에 기반하여 로드맵의 실행 가능성을 논의하라.

아래와 같이 각 솔루션을 단기, 중기, 장기로 구분하여 표현하세요.

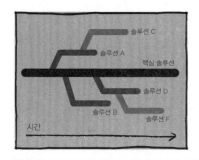

[솔루션 로드맵]

TIPS

1. 단기, 중기, 장기로 구분하세요.

2. 핵심적 솔루션을 파악하세요.

3. 중요도와 기간적 기준을 늘 염두에 두세요.

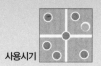

시스템 솔루션 생성을 위해, 짧고 집중적인 워크숍 세션 시행하기

WHAT IT DOES

통합 워크숍은 시스템 솔루션 개발을 위한 콘셉트 도출에 초점을 맞추고 있다. 이것은 구조적인 브레인스토밍 방법으로, 콘셉트 개발을 위해 규정된 디자인 원칙을 이용하며 사람들을 모아 진행되기 때문에 짧은 시간에 많은 콘셉트를 개발하는 데 효과적이다. 워크숍을 통해 많은 콘셉트를 하나의 시스템 솔루션으로 통합할 수 있다. 이 솔루션이 가장 강력하다고 생각하는 이유에 관한 분명한 논리를 포함하여 문서화한다.

HOW IT WORKS

1단계: 워크숍을 기획하라.

워크숍 목표에 관한 서술문과 개요를 만들어라. 목적은 콘셉트를 개발하고 평가한 후, 그것들을 솔루션으로 종합하는 것이다.

2단계: 이전의 디자인 원칙과 콘셉트를 모아라.

초기 모드에서 만들었던 디자인 원칙과 콘셉트를 모두 모아라. 각각을 설명하는 문서를 작성하라.

3단계: 워크숍 활동을 촉진하라.

창의력에 도움이 되는 환경을 조성하라. 팀이 쉽게 아이디어를 포착할 수 있도록 그래픽 오거나이저나 워크시트를 포함하라.

4단계: 콘셉트를 검토하고, 필요한 경우 더 많은 아이디어를 만들어라.

참가자들이 콘셉트에 관해 곰곰이 생각하고, 더 많은 콘셉트를 만들거나, 일부를 수정할 수 있도록 짧은 시간을 주어라. 모든 새로운 콘셉트를 기록하라.

5단계: 콘셉트를 평가하고 정리하라.

비판적 시각으로 콘셉트를 검토하라. 콘셉트가 디자인 원칙을 얼마나 잘 다루었는지 평가하라.

6단계: 솔루션을 통합하라.

상호보완적 콘셉트를 파악하고, 이를 결합하여 시스템 솔루션으로 만들어라.

7단계: 워크숍 결과물을 포착하고 요약하라.

결과물을 이해관계자와 공유할 수 있도록 문서로 편집하라.

WORK SHEET

아래와 같이 도출된 솔루션을 통합적으로 검토하기 위한 워크숍을 진행하고 그 결과를 정리하세요.

| 워크숍 일시 |
| 워크숍 장소 |
| 도출 내용 |

| 기타 사항 |

[통합 워크숍 활동]

TIPS

1. 마지막 솔루션도 늘 사용자의 관점을 우선해서 고려하세요.

2. 시각 자료를 많이 활용하세요.

3. 다양한 이해관계자를 참여시키세요.

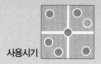
단기, 중기, 장기 전략을 위한 혁신 솔루션 계획하기

WHAT IT DOES

전략 로드맵은 혁신 결과물 구현을 위한 우선순위를 정한 후, 미래의 전략적 방향을 드러내는 방법이다. 타임라인 위에 배치된 솔루션을 기준으로 단기, 중기, 장기 전략 목표를 표시한다. 그런 다음 시기별로 각각의 전략을 개발하여 각 전략이 시장에 어떤 영향을 미칠지, 그리고 조직이 이를 지원하려면 무엇이 필요한지를 이해한다.

HOW IT WORKS

1단계: 솔루션을 검토하고 타임라인에 배치하라.

'솔루션 구성하기' 모드에서 만든 모든 솔루션을 검토하라. 단기는 향후 1~2년 내에 실행될 솔루션, 중기는 2~5년으로 계획된 것들, 장기는 5년 이상으로 계획하는 것을 의미한다.

2단계: 시기별 전략을 작성하라.

어떻게 하면 솔루션 집합이 조직에 새로운 가치를 부여할 수 있는지의 측면에서 시기별 솔루션 집합 간의 공통점을 이해하라.

● 오른쪽 표와 같이 전략의 개요와 내부 부서 지원 사항, 그리고 외부 시장의 경쟁적 상황을 파악하세요.

3단계: 조직이 전략을 어떻게 지원할지 설명하라.

전략의 성공적 실행을 위해 어떻게 사업을 합리적으로 구성할지 토론하라.

4단계: 전략에 대해 예상되는 시장 반응을 설명하라.

누가 경쟁자인지, 각 시기별 전략이 효과를 발휘하려면 어떤 파트너가 필요한지 토론하라.

5단계: 전략을 시각적으로 전달하라.

로드맵을 만들어 전략이 서로 어떻게 연관되는지 보여줘라. 팀원과 조직의 중요한 이해관계자들과 함께 전략 로드맵을 검토하라.

─── **WORK SHEET** ───

아래와 같이 단기, 중기, 장기적 전략 요소를 구분하여 정리하세요.

		단기	중기	장기
전반적 전략	제목			
	설명			
내부 : 부서	강점			
	약점			
	역량			
외부 : 시장	기회			
	위협			
	경쟁자			
	보완자			

[전략 로드맵]

TIPS

1. 초안을 작성한 후 모두가 공유할 수 있는 시간을 준비하세요.
2. 늘 시장과 기술, 트렌드 상황을 모니터링하세요.
3. 다양하게 조사하여, 기회 손실이 발생하지 않도록 주의하세요.

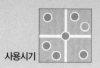
조직 전략을 수립하고, 이것을 제안된 솔루션에 맞춰 조정하기

WHAT IT DOES

워크숍은 조직 내 서로 다른 부서의 이해관계자들을 불러 모아 전략 계획을 수립하는 것으로 시작된다. 또한 조직의 다른 부서에서 일하던 사람들이 잠재적 문제점을 극복하고 전체 계획에 발맞출 수 있는 기회를 부여한다. 이해관계자들이 혁신 프로세스에 참여하도록 유도하고, 이니셔티브에 관한 주인의식을 부여하는 데 효과적인 수단이다. 문제에 대응하는 조직의 올바른 반응을 토론하며 전략 계획을 만들어야 한다.

HOW IT WORKS

1단계: 워크숍을 계획하라.

일정 구성에 관한 전체적인 윤곽을 잡아라. 워크숍에 참가할 사람들을 선정하라.

2단계: 워크숍에 필요한 물품을 준비하라.

'솔루션 구성하기' 모드에서 정의된 혁신 솔루션 및 이와 관련된 중요 결과물을 종합하라.

3단계: 워크숍 진행을 위한 활동을 준비하라.

대화, 비평, 조언 등을 구하는 환경을 조성하라. 3~4명으로 구성된 팀이 편안하게 작업할 수 있는 공간을 제공하라.

4단계: 정의된 솔루션과 콘셉트를 토론하라.

제안된 솔루션 설명을 위해 프레젠테이션을 준비하고 이를 공유하라. 전략 로드맵을 준비

했다면 이 역시 공유하라.

5단계: 매트릭스를 만들어 솔루션의 시간대별 성장 단계를 보여줘라.

솔루션을 열의 제목으로 정하고 매트릭스를 그려라. 팀이 계획을 수립하는 데 유용한 전략적 문제점, 실행 이슈, 기타 문제점 등을 포함하라.

6단계: 매트릭스를 확장하여 성공적 실행을 위한 다른 고려 사항을 찾아라.

사용자와 공급자 가치 문제의 설명을 셀에 채워 넣고, 이러한 문제 해결을 위해 조직이 취해야 할 구체적인 행동 방식을 목록으로 작성하라.

WORK SHEET

아래와 같이 워크숍을 시행하고 토의 결과를 정리하세요.

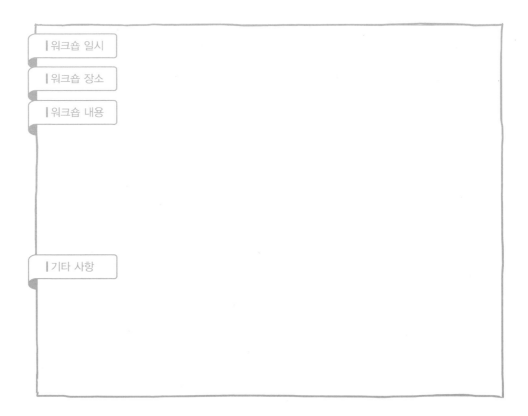

| 워크숍 일시

| 워크숍 장소

| 워크숍 내용

| 기타 사항

[전략 계획 워크숍]

TIPS

1. 다양한 의견을 개방적으로 청취하려 노력하세요.

2. 다양한 이해관계자를 참여시키세요.

3. 녹화, 녹음, 메모 등을 준비하세요.

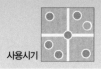

결과물을 현장에 설치하여, 사용자의 경험과 실행 방식 배우기

WHAT IT DOES

파일럿 개발과 테스트는 제안된 혁신 솔루션을 실제 결과물의 맥락 안에 배치하고 테스트하는 방법이다. 파일럿 개발에는 실제 결과물(제품 또는 서비스) 출시와 같은 수준의 전략적 계획이 필요하다. 규모만 다를 뿐이다. 일반적으로 새로운 결과물을 출시하기 전에 테스트 시장에서의 시험을 통해 수정 사항을 연구한다. 결과물이 조직 자원 분배에 미치는 영향을 파악하고, 실제 규모로 출시하기 전에 추가로 필요한 사항을 이해하는 데 효과적이다.

HOW IT WORKS

1단계: 시험 대상 솔루션을 선택하라.

전략 로드맵으로 정리된 솔루션을 팀 단위로 검토하라.

2단계: 파일럿 개발 계획을 준비하라.

출시에 참여하는 조직 모두를 파악하여 초기 계획 초안을 수립하라. 계획은 규모만 축소된 실제 제품 출시처럼 이뤄져야 한다.

3단계: 테스트 시장을 확인하고 승인을 얻어라.

결과물 테스트를 위한 목표 시장을 구체적으로 확인하라. 왜 그 시장을 선택했는지에 관한 논리가 있어야 한다. 주요 의사결정자에게 승인을 얻어라.

4단계: 성과 매트릭스를 작성하라.

정량적·정성적 성과 척도를 선정하고, 테스트 시장에서 측정할 메커니즘을 구축하라.

5단계: 파일럿을 출시하고 모니터링하라.

출시 승인을 받고, 조직 간 운영 팀을 구성하고, 파일럿을 모니터링하라.

6단계: 성과를 분석하고 결과물을 수정하라.

사용자 경험에 영향을 줄 수 있는 요인들을 기록하라. 사용/판매 데이터를 기록하고, 인터뷰를 시행하고, 심층 피드백을 모아라. 팀 단위로 결과물을 분석하고, 결과물을 개선하라.

아래와 같이 솔루션을 테스트하고 그 내용을 최종 결과물에 반영하세요.

usertesting.co.kr을 활용하여 신속하고 편리한 테스트를 진행하세요.

서비스 개요

개발 중이거나 예정인 Web, App, 게임, 기술, 제품, 서비스에 대한 사용자 반응과 평가를 요청한 후 1시간 이내에 적은 비용으로 테스트하고 사용자로부터 아이디어를 얻을 수 있는 서비스 모델

이용 시기

2015년 2월 이후 이용하실 수 있습니다

이용 방법

usertesting.co.kr에 회원 가입을 하고 테스트를 원하는 대상과 원하는 질문지를 입력하고 사용자로부터 피드백된 사용 동영상을 분석하고 편집하여 사용할 수 있음

[파일럿 테스트와 usertesting.co.kr]

TIPS
1. 정량적 조사와 더불어 정성적 조사를 반드시 시행하세요.
2. 의도적인 질문을 하기보다는 사용자의 자연스러운 이야기를 들으려고 노력하세요.
3. 언제든 수정할 수 있는 개방적인 마음을 가지세요.

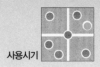
실행과 관련된 이슈를 나열하고, 솔루션 실행에 필요한 계획 수립하기

WHAT IT DOES

실행 계획 매트릭스는 전략 로드맵을 실행 가능하게 만드는 방법이다. 이것은 다른 방법에서 정의한 모든 전략을 이해하고 조직 역량과 실행 목표 사이의 부조화를 피할 수 있게 돕는다. 실행 계획은 특정한 문제를 깊이 있게 생각하고, 적절한 대응 방안을 만들게 돕는다. 제대로 디자인된 계획은 혁신 솔루션 실행 구조를 제시하고, 구체적으로 필요한 행동 방안을 계획하며, 투명한 프로세스를 만들어준다.

HOW IT WORKS

1단계: 정의된 조직 전략과 솔루션을 점검하라.

전략 로드맵과 전략 기획 워크숍 같은 방법에서 도출된 결과물을 취합하라.

2단계: 변화하는 맥락을 서술하라.

문헌 조사를 실시하여 업계와 인근 업계의 시기별 트렌드를 파악하라.

3단계: 혁신 솔루션과 문제점으로 구성된 매트릭스를 만들어라.

혁신 솔루션을 열의 제목으로, 문제점을 행의 제목으로 하는 매트릭스를 작성하라.

● 오른쪽 표처럼 시장/운영/관리/재무 등으로 정리하되, 이 외에 작은 이슈라도 빠뜨리지 않고 정리하는 태도가 중요합니다.

4단계: 실행에 있어 중요한 도전을 생각하라.

실행 과정에서 나타날 수 있는 중대한 도전을 조직이 어떻게 다룰 것인지, 매트릭스 셀에 설명을 적고 토론하라.

5단계: 토론하고, 이해관계자의 피드백을 포함하라.

그룹으로 전체 매트릭스를 바라보고, 조직이 다루어야 할 가장 큰 문제점과 가장 중요한 활동 방안에 관해 토론하라.

6단계: 종합적인 실행 계획을 작성하라.

이전 단계의 모든 결과물을 모아 공유 가능한 하나의 문서로 엮어라.

아래와 같이 최종 실행 계획을 구분하여 정리하고, 실행에 이슈가 되는 사항도 같이 정리하세요.

	주요 내용	주요 이슈
시장 (Market)		
운영 (Operation)		
관리 (Management)		
재무 (Finance)		

[최종 실행 계획]

TIPS

1. 세로축의 각 요소를 세부적으로 규정하여 작성하면 효과적입니다.
2. 진행상 예상되는 주요 이슈도 같이 정리하세요.
3. 작은 요소라도 반드시 토의를 통하여 정리하세요.

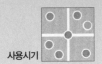

혁신 이니셔티브의 성공에 필요한 역량 계획 세우기

WHAT IT DOES

역량 계획은 시간보다는 혁신 이니셔티브에 요구되는 역량에 기반한 선택적 계획 구조를 제공한다. 혁신 이니셔티브를 세로축에 놓고, 요구 역량을 가로축에 나열한 역량 매트릭스를 이용하여 이를 계획한다. 매트릭스의 각 셀에는 조직이 다양한 혁신 이니셔티브 지원에 필요한 핵심역량을 어떻게 확보할지를 설명한다. 즉 개발, 제휴, 인수 또는 기존 역량의 활용 등이다. 셀은 또한 혁신 이니셔티브의 성공에 역량이 얼마나 중요한지를 보여준다.

HOW IT WORKS

1단계: 추진할 이니셔티브 목록을 작성하라.

'이니셔티브'란 초기 프로젝트의 실현을 위해 변환된 솔루션이다. 실행을 위해 이전 단계에서 변환되었던 모든 솔루션을 검토하라.

2단계: 필요 역량을 확인하라.

각각의 이니셔티브를 점검하고, 성공적 실현에 필요한 역량이 무엇인지 파악하라.

3단계: 역량과 이니셔티브로 구성된 매트릭스를 작성하라.

매트릭스를 작성하고, 열 제목에 이니셔티브를, 행 제목에 역량을 기입하라.

4단계: 각 셀에 행동 계획을 적어라.

셀 안에 이니셔티브를 위한 역량을 적고, 그 이니셔티브를 성공적으로 실현하려면 조직이 어떤 역량을 확보해야 하는지 설명하라.

5단계: 실행 계획을 토론하고 공유하라.

이 역량 계획 매트릭스를 조직 내 핵심 이해관계자와 공유하여, 실현을 위한 행동을 수행하고 역량 이용 계획을 실시하는 데 필요한 보장을 받아라.

아래와 같이 최종 솔루션을 시장과 고객에게 공급하기 위해 필요한 역량을
구분하여 상세하게 표현하세요.

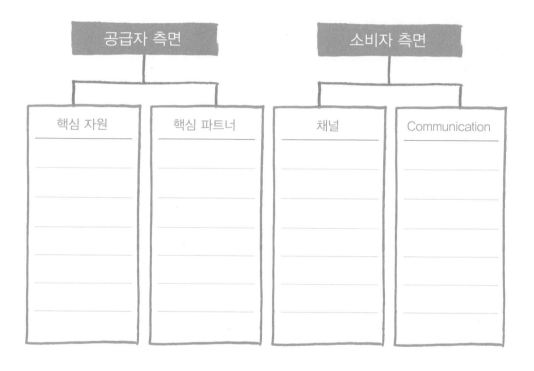

공급자 측면

| 핵심 자원 | 핵심 파트너 |

소비자 측면

| 채널 | Communication |

[역량 계획서]

TIPS

1. 핵심 가치와 관계된 모든 요소를 열거하세요!
2. 그중에서 핵심적인 요소를 도출하세요!
3. 부족한 부분을 보충할 계획을 세우세요!

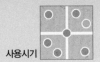

혁신 솔루션에 기반하여 이니셔티브를 계획하고 팀을 구성하기

WHAT IT DOES

이 방법은 혁신 이니셔티브 수행팀의 구성 계획을 수립하는 데 도움이 된다. 각 이니셔티브에서 요구하는 가장 적합한 지식과 기술에 관해 주의 깊게 생각한 후 팀을 구성한다. 이 방법은 조직의 기존 구조를 존중하면서 다양한 기능의 팀 구성을 가능하게 한다. 또한 새로운 이니셔티브가 일반적으로 요구하는 새롭고 위험한 기능적 구조를 필요로 하지 않는다는 장점도 있다.

HOW IT WORKS

1단계: 솔루션을 이니셔티브로 변환하라.

이 변환은 솔루션을 행동 아이템으로 이해하기 위한 것이지, 솔루션의 내용을 바꾸거나 재구성하는 것은 아니다.

2단계: 이니셔티브와 부서 매트릭스를 만들어라.

열의 제목으로 이니셔티브 목록을 열거하고, 조직의 다양한 부서는 행 제목으로 열거하여 매트릭스를 만들어라.

● 오른쪽 표와 같이 이 계획을 수행할 수 있는 여러 부서의 사람들을 통합하여 필요한 팀을 구성하세요.

3단계: 이니셔티브에 필요한 역량을 규정하라.

각 이니셔티브에 필요한 솔루션을 검토하고, 이를 성공적으로 실행하려면 어떤 역량이 필요한지를 결정하라.

4단계: 팀 구성에 적합한 사람을 선택하라.

어느 부서 혹은 팀이 각 이니셔티브 실행에 필요한 역량을 갖고 있는지 확인하라. 잠재적 팀 구성원을 찾아라.

5단계: 역할과 리더십을 배분하라.

조직의 각 부서는 이니셔티브에 대해 저마다 다른 정도로 기여하며, 그 역할도 다르다. 팀의 목표와 최종 결과물을 설명하라.

6단계: 토론하고, 계획을 확장하라.

그룹 단위로 모든 이니셔티브에 관해 토론하고, 출시 방법에 관해 생각하라.

WORK SHEET

최종 솔루션을 시장과 고객에게 제공하는 데 필요한 힘을 구성하기 위해
아래와 같이 정리하여 계획할 수 있습니다.

	엔지니어링	재 무	마케팅	연 구		
전략 1					팀 A	리더 A
전략 2					팀 B	리더 B
전략 3					팀 C	리더 C

[팀 구성 계획서]

TIPS

1. 순차적인 팀 구성보다는 다학제적인 팀 구성을 하세요.

 ● 다학제적팀 : 여러 부서의 사람들을 모아 시너지를 낼 수 있는 팀

2. 모두가 같이 일할 수 있는 공간을 준비하세요.

3. 리더를 고려하여 선정하세요.

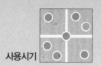
결과물이 어떻게 될 것인지를 종합적인 도해로 보여주고 이야기하기

What It Does

비전 기술서는 조직이 어떻게 혁신 결과물을 실행하는지 보여주는 것으로, 혁신 프로젝트의 결과를 개략적으로 설명하는 방법이다. 방법의 일부는 혁신 목적 및 그것의 실현을 최소한의 단어와 시각 자료로 표현한다. 이 방법은 모든 연구, 분석, 종합을 추출하여 쉽게 이해할 수 있는 형식, 특히 모든 이해관계자에게 분명하게 전달될 수 있는 형식으로 혁신 목적 수행을 간결하게 요약하는 것이 목적이다. 때로는 전략 계획을 수립하는 과정에서 비전 기술서를 만들기도 한다.

How It Works

1단계: 프로젝트를 검토하고, 핵심 결과물을 요약하라.

전체 혁신 프로세스(조사, 분석, 종합, 실현)를 검토하고, 통찰, 디자인 원칙, 혁신, 프로토타입, 전략, 계획, 로드맵 등의 주요 결과물을 요약하라.

2단계: 비전 기술서를 위한 틀을 만들어라.

프로젝트에 관한 충분한 이해를 바탕으로 이해관계자와 최상의 커뮤니케이션을 할 수 있는 짧은 비전 기술서의 윤곽을 그려라. 혁신 프로세스와 결과물에서 가장 핵심적인 부분만을 선별하라 .

3단계: 혁신의 제목과 근거 문구를 적어라.

제안된 혁신에 관해 독특하고 매력적인 제목을 만들어라.

4단계: 문제점과 솔루션에 관한 짧은 설명을 적어라.

프로젝트에서 다루어진 문제점과 혁신 솔루션을 짧은 문장으로 적어라.

5단계: 솔루션의 핵심 혜택을 도해로 표시하라.

핵심 이미지, 캡션, 설명을 이용하여 가장 중요한 솔루션의 혜택을 드러내라.

6단계: 개요를 시각화하라.

비전 기술서를 개략적으로 시각화하라.

7단계: 이해관계자와 함께 검토하고 수정하라.

이해관계자에게 비전 기술서를 제공하라. 피드백을 받고, 필요하면 수정하라.

━━━━━━━ **W**ORK SHEET ━━━━━━━

아래와 같이 핵심적인 내용들로 비전 기술서를 작성합니다.

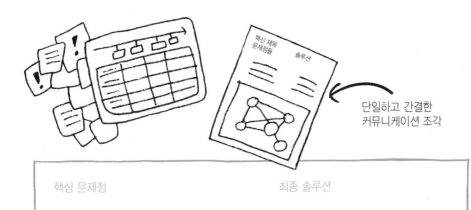

단일하고 간결한
커뮤니케이션 조각

핵심 문제점　　　　　　　　　　　　최종 솔루션

주요 고객과 핵심 혜택

[비전 기술서]

TIPS

1. 진심을 담아 내용을 작성합니다.

2. 내용은 핵심 가치 위주로 간단명료하게 적습니다.

3. 누구나 공감하기 쉬운 용어로 작성합니다.

모든 이해관계자가 이해할 수 있는 혁신 결과물의 비전 만들기

WHAT IT DOES

혁신 요약서는 프로젝트 이해관계자와 최종 사용자가 혁신 계획을 쉽게 이해할 수 있도록 메시지와 이미지로 변환하는 방법이다. 이 방법은 다양한 형식에서도 메시지의 일관성을 유지하는 구조화된 커뮤니케이션 방법이다. 또한 재무 담당자, 마케팅 연구자, 엔지니어 또는 최종 사용자 같은 다양한 대상에게 서로 다른 메시지를 전달할 때에도 사용된다.

HOW IT WORKS

1단계: 전략 계획과 비전 기술서를 검토하라.

전략 계획, 비전 기술서, 그 외의 유사한 조사에서 얻은 핵심 메시지를 확인하고, 전달해야 할 중요 아이디어를 선택하라.

2단계: 청중을 고려하라.

혁신 솔루션을 수행하기 위해 다루어야 할 서로 다른 청중을 생각하라.

3단계: 각각의 청중에게 전달할 서로 다른 방법에 관해 탐구하라.

다양한 청중에게 적합한 다양한 프레젠테이션 형식을 생각하라.

4단계: 각각의 청중을 위한 혁신 요약서를 준비하라.

혁신 프로세스 전반에서 도출된 모든 결과를 검토하고, 청중에게 가장 적절하게 전달할 핵심 부분을 뽑아내라.

5단계: 혁신 요약서를 검토하고, 정제하고, 전달하라.

커뮤니케이션 문서와 프레젠테이션을 검토하라. 청중을 대표하는 사람들에게 혁신 요약서를 시연하여 피드백을 받고 이를 개선하라.

─────── WORK SHEET ───────

아래와 같이 지금까지 진행하였던 프로젝트의 핵심적 내용으로 혁신 요약서를 작성합니다.

| 배경 및 취지 |

| 목적 |

| 핵심 솔루션과 로드맵 |

| 우리의 다짐 |

| 비전 / 사명 |

[혁신 요약서]

TIPS
1. 핵심 가치 위주로 간단명료하게 적으세요.
2. 내용을 볼 수 있도록 액자 형태로 제작하여 게시하세요.
3. 취지와 방향을 적극적으로 홍보할 수 있는 방안을 마련하세요.

혁신 모델의 탄생 워크북

지은이 이유종, 김우식

이 책의 편집은 양은희가, 디자인은 노영현이, 출력과 인쇄는 꽃피는 청춘 임형준이, 종이 공급은 대현지류의 이병로가 진행해주셨습니다. 이 책의 성공적인 발행을 위해 애써주신 다른 모든 분들께도 감사드립니다. 틔움출판의 발행인은 장인형입니다.

초판 1쇄 인쇄 2014년 10월 6일
초판 1쇄 발행 2014년 10월 17일

펴낸 곳   틔움출판
출판등록   제313-2010-141호
주소   서울특별시 마포구 월드컵북로4길 77, 3층
전화   02-6409-9585
팩스   0505-508-0248
홈페이지   www.tiumbooks.com   www.facebook.com/tiumbooks

ISBN 978-89-98171-14-8 13320

틔움은 책을 사랑하는 독자, 콘텐츠 창조자, 제작과 유통에 참여하고 있는 모든 파트너들과 함께 성장합니다.